Haiwai Liuxue Zhuanye Xuanze Ji
Yingxiang Yinsu

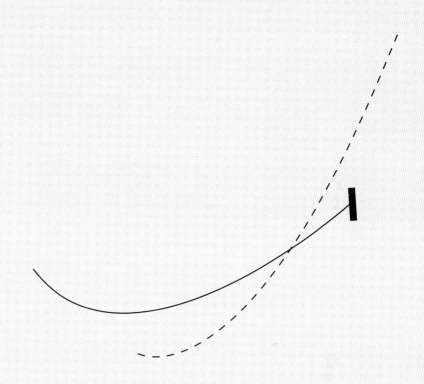

海外留学专业选择及影响因素

——教育经济视角下的实证研究

刘 扬/著

教育科学出版社
·北京·

作者简介

　　刘扬，男，1976年生，祖籍山东。2005年毕业于北京师范大学教育学院教育经济与管理系，获得管理学硕士学位。同年9月留学香港，就读于香港中文大学教育学院教育行政与政策学系，师从钟宇平教授和孔繁盛教授学习教育经济学专业，2008年12月获得教育学哲学博士学位（Ph.D. in Education）。现执教于北京航空航天大学人文与社会科学学院高等教育研究所，副教授、硕士生导师，主要研究方向为教育经济学、海外留学教育、高等教育国际化等。

2005年以来在《高等教育研究》《清华大学教育研究》《复旦教育论坛》等核心期刊发表论文10余篇，其中论文《中国大陆海外留学高等教育专业选择及影响因素》被中国人民大学书报资料中心复印报刊资料《高等教育》全文转载；目前主要承担的科研项目有中央高校基本科研业务费项目（2010）和北航研究生教育发展基金项目（2009）。

摘　要

半个世纪以来，全球留学高等教育空前发展。有研究表明，留学教育对发展中国家的经济发展具有促进作用，而且不同专业的留学生在经济发展中的作用有所差异。本研究从教育经济学的视角，以人力资本理论为基本理论框架，分析中国高中生海外留学高等教育专业选择的特点及其主要经济影响因素，对我国乃至发展中国家的经济发展都具有一定的参考价值。

本研究的分析数据来自香港中文大学孔繁盛教授主持的，由香港研究资助局资助的研究项目《寻求升读海外高等教育：内地学生的选择和理由》。该项目抽取了全国七个城市中 105 所学校的 12961 名高中三年级学生。研究采用多元逻辑回归（Multinomial Logistic Regression）方法对留学专业选择进行分析，主要发现如下：

一、学生选择频率最高的是经济管理类专业，而选择最少的是科学类专业。

二、留学预期收益率和预期海外就业前景这两个经济因素对学生选择留学专业有显著影响；预期回国就业前景和消费偏好因素对专业选择无显著影响。

三、学生在某两个对比的专业中做出选择会受到留学预期收益率（差）或者预期海外就业前景的显著影响（除工程相对经济管理外），且其选择行为不会同时受到预期收益率和海外就业前景两个因素的共同影响。

四、部分因素之间的交互作用对学生留学专业选择产生显著影响，如海外留学预期收益率与学生家庭所在地区的交互作用、学术能力与家庭收入的交互作用。

五、信息（来源）因素对留学专业选择有显著影响，如留学中介机构、学校、网络和媒体等。

六、性别、学术能力、家庭收入、父母教育、地区等因素也对留学专业选择产生显著影响。

以上发现表明，中国高中生的预期留学专业选择可以较好地被人力资本理论解释。从人力资本理论的角度分析，学生更倾向于选择预期收益率较高的专业，而不是收益率较低的专业。这样，专业选择行为实际上是一种选择更高投资回报的行为；如果学生不考虑这一因素，他们会倾向于选择那些海外就业前景较好的专业，这意味着他们将来学成后进入海外劳动力市场时，获取预期收益率的可能性更大。

基于这些发现，本研究提出了一些留学政策导向方面的建议，并在最后指出本文的局限和对未来研究的展望。

关键词 海外留学 高等教育经济 专业选择

Student's Choices of Major and the Affecting Factors When Studing Abroad

——an Empirical Study from the Perspective of Economics of Education

ABSTRACT

Over the last 50 years, overseas higher education in the world has developed rapidly. Existing literature shows that overseas higher education can promote the economic development of developing countries, and overseas higher education graduates of different majors may have different roles in economic development. This study employs human capital theory to analyze mainland Chinese senior secondary students' choice of major for studying higher education abroad, and the main factors affecting their choices.

The study is based on the data set of a research project entitled "Seeking Higher Education Abroad: Student Choices and Reasons in China", funded by the Research Grants Council in Hong Kong and conducted by Professor Hung Fan-sing of The Chinese University of Hong Kong as the Principal Investigator. The data consists of the results of a questionnaire survey successfully conducted in early 2007 to 12,961 senior secondary students from 105 schools in seven cities in mainland China. The study employs multinomial logistic regression in the statistical analysis of the data. Major findings of the study are as follows:

I . The most popular choice of majors is "business and management", and the least popular major is "science" related majors.

II. Two economic factors-senior secondary students' expected rate of return to overseas higher education, and perceived overseas employment prospects-significantly affect students' choice of major for overseas higher education; while other two factors-students' perceived domestic employment prospects, and consumption preferences-have no significant effect on students' choice of major.

III. The choice between each pair of majors are either significantly affected by students' expected rate of return to overseas higher education or perceived overseas employment prospects to overseas higher education, except for the pair of Engineering vs. Business Administration.

IV. The interaction effect between students' expected rate of return to overseas higher education and family location, and the interaction effect between students' academic ability and family income, significantly affect students' choice of major for overseas higher education.

V. Some information factors also significantly affect students' choice of major, such as overseas education agents, schools, internet, and media.

VI. Students' gender, academic ability, family income, parents' education, and family location also significantly affect their choices of major.

Findings of this study show that mainland Chinese senior secondary students' choice of major for overseas higher education can be explained better by human capital theory. Students are more inclined to choose the major that has higher expected rate of return to overseas higher education. The choice of major is in fact a behavior looking for higher investment return, or for better overseas employment prospects which would increase the probability of capturing the expected rate of return to overseas higher education.

Based on the findings, this study posits some implications for China's overseas education policy and suggests future study directions, as well as identifies its own limitations.

Key Words: overseas education, economics of higher education, choice of major

目　　录

序　一

海外留学，所学何事？

（一）

近代中国学生留学海外，最早见于 1847 年。当年，就读香港马礼逊学校（Morrison School）的三名中学生，在校长布朗牧师（Rev. Samuel R. Brown）安排下，从广州黄埔乘船出发，途经非洲好望角，三个月后抵纽约，再转乘船及火车前往麻省，入读当地名校孟松中学（Monson Academy）。其中一学童名容闳，广东香山县（即今珠海特区）人，三年后考进耶鲁大学，于 1854 年毕业，取得文学学士学位后回国。

1872 年，容闳带领约 30 名 12—14 岁学童官费留学美国，为近代中国第一个官方留学团，称为"留美幼童"计划。在 1872—1875 年三年内，此计划共有 120 名幼年学童留学美国。其中包括日后毕业于耶鲁大学、修读机械工程之詹天佑。1881 年，共 94 名已成长为青年之留美学童分批回国，日后分别于政治、经济、教育、军事等不同领域为国家发展出一份力。

留学潮一经触发，中国学生自此络绎不断，以不同模式留学不同国家。自 20 世纪初之前后，如 1872 年留英、1879 年获苏格兰亚伯丁大学内科学士学位及外科硕士学位、1882 年毕业于林肯法学院并获律师资格之何启；1877 年官费留英之海军学生严复；1902 年官费留日之鲁迅，及 1904—1911 年期间每年约数千至过万（高峰期为 1906 年，达一万二千多）之留日学生，其中包括黄兴、秋瑾、何香凝、高剑父、蒋介石；1904—1907 年自费留美入读威斯理女子学院（Wesleyan College for Women）之宋霭龄、宋庆龄和宋美龄；1906 年留美先后获耶鲁大学经济学硕士学位及哥伦比亚大学经济学博士学位之马寅初；1907 年赴德留学之蔡元培；1908 年留美、1912 年毕业于柏克莱加州大学教育学系、1917 年获哥伦比亚大学哲学及教育学博士学位之蒋梦麟；经"庚子赔款"计划留美第一批（1909 年）之梅贻琦，第二批（1910 年）之胡适、赵元任，第三批（1914 年）之陈衡哲；1919—1921 年"勤工俭学"运动下留法半工半读之近 1700 名学生，其中包括邓小平、周恩来、陈毅、李富春、聂荣臻、徐悲鸿、林风眠，及 1927 年留法之巴金；1920 年代留俄之蒋经国、邓小平及聂荣臻；1935 年先后获麻省理工学院航空工程硕士学位及加州理工学院航空、数学博士学位之钱学森。

（二）

直至今天，近代中国学生留学海外已有超过 160 年的历史，从未间断。其间，国家经历了辛亥革命、抗日战争、解放建设、改革开放等大事；与此同时，留学生回国亦为国家发展政治、经济、科技、教育、文化等多方面作出了贡献。2011 年度，中国出国留学生人员总数达 34 万人，同比增长 19%；留学回国人员总数达 19 万人，同比增长 38%。2011 年年底，中国在外留学人员总数达 142 万人，已成为世界上最大的留学生生源国。从 1978 年到 2011 年年底，留学回国人员总数达 82 万人。

最近十多年来，中国大陆学生留学海外发生微妙的变化。其间，自费留学比率渐增；留学学生来自中产家庭之比率渐增；留学为了个人未来、走向世界的心态渐多、渐重；留学就读之教育程度虽仍以学士学位课程占最大比率，却渐增硕士、博士等高级学位课程以及副学士及高中课程之就读；留学生渐趋低龄化、大众化等特点；留学地点亦渐趋多元化，遍及美、英、澳、加、德、法、日、港、台、新等主要国家及地区。随着中国改革开放及在全球化经济中渐占举足轻重的位置，这些变化均令研究海外留学的范畴及理论探讨趋向新角度、新思考、新解释。

（三）

从理论层面去探讨海外留学的行为，在经济学上，主要建基于人力资本理论（Human Capital Theory）。人力资本的投资和积累，主要透过教育、在职训练、医疗、迁徙和资讯搜集。海外留学，在本质上，是以教育为主、迁徙及在职训练为辅的人力资本投资活动；在期望上，主要为吸收知识技术，见识新事物，接触不同文化，以提升个人未来工作技能、机会及收入回报；是一理性预期、决定和行为。

刘扬的博士论文，是以人力资本理论为框架，其分析数据是来自本人任教于香港中文大学教育学院教育行政与政策学系期间，于2006—2008年作为首席研究员，主持获香港研究资助局资助的研究项目《寻求升读海外高等教育：中国学生的选择和理由》（Ref. No.：CUHK4720/06H）。研究队伍成员包括卢乃桂教授、钟宇平教授和占盛丽博士。该研究项目于2007年年初，成功对中国大陆七个城市（北京，上海，深圳，南京，西安，武汉和贵阳）共接近13000名，准备参加当年高考之高中三年级学生进行问卷调查。问卷的主题目共48条，内容范围包括高中生对留学海外的吸引力看法，科目和国家地区的选择，意愿程度和奖助学金及入读国内大学机会的考虑，预期升学（国内或海外）成本及未来收入回报，毕业后的计划，所需的资讯和高中生个人的人口特性。

刘扬的论文主要是根据问卷中有关科目专业选择，预期升学成本及未来收入回报和毕业后的计划这三方面，采用多元逻辑回归（Multinomial Logistic Regression）的统计分析，进行深入探讨。其结论证明学生对学习科目专业的选择，在留学高教而言，乃受海外教育预期收益率及预期海外就业前景之两因素显著影响，而并不受预期回国就业前景及消费偏好之两因素显著影响。再者，学生家庭所在地区与海外教育预期收益率之交互作用，及学生学术能力与家庭收入之交互作用，亦对学生对留学高教的学习科目专业选择产生显著影响。这些发现，丰富了甚至补充了人力资本理论中对选择学习专业的学生个人行为的解释和分析。据此，论文为中国大陆有关留学高教的政策提供了一些建议，以利整体发展。本人希望亦相信，刘扬可在这些基础之上，纵观全球，结合国情，考虑学生，进一步探讨海外留学，有利于学生及国家两方面的长远发展。

孔繁盛
（悉尼大学教育与社工学院）
2013 年 3 月

序 二

　　20 世纪中叶以来，世界范围内的留学教育规模迅速扩张，这不仅反映出经济全球化的趋势，也预示着高等教育国际化的趋势。各国高等教育机构间的竞争空前地在全球展开，这使得各地区的学生有了更多的机会来选择海外留学和发展自我。那么，为什么越来越多的学生选择留学海外？因为留学教育及其伴随的知识转移，不仅让学生们体验了多元文化下的生活经验和国际理解能力，让他们获得了更多先进的知识和技能，同时也对他们的派出国的经济发展起到积极作用。当前，该领域的有关研究大多从宏观层面分析了影响学生选择留学教育的"推力"和"拉力"因素，而对影响留学个体选择的微观因素关注显得比较欠缺，比如学生个体的预期。而个人预期是个体作出决策的重要决定因素，因此很有必要从微观层面来关注和研究影响留学选择的因素。

　　这本专著是以刘扬在香港中文大学完成的博士论文为基础修改而成的。作者从一个专业选择的角度来思考海外留学教育选择问题，回答了"为什么当学生选择海外教育时会倾向于选择一些专业，而不选另一些专业"这一问题。研究以教育经济学人力资本理论为基础，分析了海外留学专业选择这一行为，并对该理论进行分析和回应，是对人力资本理论在海外留学教育领域的延展。另外，研究也对中国大陆地区的海外留学政策提出了一些建议和发展策略，对教育部门规划和制定海外留学教育政策都具有较强的现实意义。

我认为该研究主要有以下特点：

一、该研究以人力资本理论作为基本分析框架，认为海外留学专业选择是一种横向教育投资，也就是把留学专业选择作为在同一级教育水平上不同专业的投资来看待，并据此提出了研究假设。这有别于传统研究对纵向教育投资的分析，即更高一级教育水平的投资分析，这是该研究的一个特点。

二、该研究采用量化研究方法对大陆高中生的海外留学选择进行分析，特别是运用了较有难度的多元逻辑回归方法（Multinomial Logistic Regression），有效处理了当因变量为多元分类变量（多个留学专业）时，无法使用普通多元回归进行分析的问题，分析了影响学生在各类专业之间进行选择的影响因素，这是该研究的另一个特点。

研究通过理论分析、假设和实证检验发现，大陆学生海外留学专业选择可以解释为一种人力资本投资行为。即学生们选择留学专业时，考虑了未来经济回报和未来就业前景的因素，从而对留学专业进行判断和选择。这些研究结论基本符合人力资本理论的假设和解释，使该理论在海外留学选择行为研究中得以进一步深入和延伸。

整体而言，该研究设计比较合理，方法严谨科学，理论与实证相结合。我相信这一研究不仅对广大中国大陆地区高中学生及家长的海外留学决策产生积极影响，而且能够为中国乃至发展中国家的教育政府部门制定留学政策提供建议和参考，应该会受到社会各部门及相关者（研究人员、大学生或中学生）的欢迎。

钟宇平

（香港中文大学教育学院）

2013 年 5 月

第一章　研究背景与问题陈述

　　随着信息获取手段的革命，科学技术的力量正日益成为国际竞争和国家发展的重要武器和动力[1]。作为科技发展的基础，知识越来越受到国际社会重视，高等教育作为知识创造和传递机构亦成为国家发展的推动者。然而高等教育在各国的发展策略很不相同。一些国家试图利用本国资源和传统发展高等教育，另一些国家则通过派遣留学生去海外留学的方式，获取先进的学术知识和专业技术[2]。

　　半个世纪以来，全球留学教育发展空前增长，国际留学生①数量迅速增加。据联合国教科文组织（UNESCO）统计，1960 年全世界有23.8 万名留学生。1975 年增长到 71.4 万人，是 1960 年的 3 倍。到1995 年留学生数超过了 150 万人，是 1960 年的 6 倍。2004 年达到 250 万人，是 1960 年的 10.5 倍。2009 年则增至 337 万人，是 1960 年的 14.2倍。（参见图 1.1）[3]。

---

① 这里所说的"国际留学生"包括在国外攻读学位的留学生和参与交换项目的交换生。

留学生数（人）

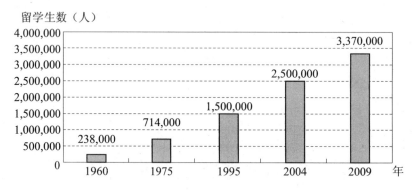

图1.1　全世界留学生规模①（1960—2009）

　　海外留学②高等教育可以在国际间转移先进科技知识，是发展中国家获取先进知识和技术的一种重要方式。而知识和技术的进步是现代国家经济发展的基本动力之一，因此海外留学高等教育对发展中国家的经济发展起着重要作用。金镇荣（Kim）对101个国家的经济增长与海外留学高等教育之关系的研究显示，留学教育作为一种知识输入（knowledge import）的方式，对发展中国家的经济发展有促进作用。研究进一步发现，不同专业的留学生数量在国家经济发展中的作用是存在差异的。其中自然科学、工程以及医学专业的留学生数量对发展中国家经济增长的影响是正面显著的，而人文、社会科学以及农业这些专业则没有表现出显著影响[4]。

　　这一研究结论与一些发展中国家的留学政策制定者的想法有一致之处。即科学、工程以及医学这些领域的专业知识，在国际上是比较统一和标准化的知识。这类知识比较容易在短期内被应用于留学派出国的经济，并对其经济增长产生积极影响和效果。

　　虽然 Kim 关于留学专业与国家经济增长之关系的研究在专业分类上非常少（可能因数据的限制），但是它至少给我们一个启示：即不同留学专业对留学生派出国的经济发展的贡献是存在差异的，对留学者本人的意义可能也是不同的。因此，中国学生海外留学会选择什么专业？他们的专

---

①　据联合国教科文组织网站提供之数据库绘制，具体可参考 http：//stats. uis. unesco. org/unesco/TableViewer/document. aspx？ ReportId = 143&IF_ Language = eng。
②　"海外留学"和"留学"均指学生在国境外学习，在本文中将混合使用。

业选择会受哪些因素影响？对国家经济发展有何意义和影响？这些问题的回答对我国乃至发展中国家的经济发展都具有重要参考价值和现实意义。

第一节　研究背景

一般认为留学对于国家经济发展和个人收入增长都有重要价值，但留学选择的过程常常是复杂的、综合的。选择者是通过对诸多因素的权衡才做出留学的决定。在这个过程中，留学选择发生的背景和环境显得非常重要。本研究关注的是中国高中学生的留学专业选择问题，因此首先要交代当前高中生留学选择的国际背景和国内环境。对这些背景的阐述将有助于理解和分析学生留学专业选择的特点和留学专业选择行为的影响因素，也便于探讨它对国家经济发展的价值和意义。

一、海外留学高等教育专业选择的国际背景

随着全球化趋势的加剧，国际商品贸易和服务贸易（包括教育服务）也日益频繁，劳动力流动亦更加剧烈。在此国际背景下，学生留学选择主要面临的是教育服务提供者的国际化以及劳动力市场的国际化等情境。

（一）高等教育的国际化

1998 年联合国教科文组织（UNESCO）举办的高等教育世界会议提出：高等教育国际化是高等教育在全球化时代面临的重要议题之一。国际化是高等教育机构对全球化趋势所做出的反应[5]。它主要表现为高等教育服务的国际化、课程国际化、学生和教师的国际化、教育与研究合作的国际化等。

1. 高等教育服务的市场化

高等教育国际化的一个重要表现就是高等教育成为服务贸易总协定（GATS, General Agreement on Trade in Services）目标的一个主要组成部分。GATS 由世界贸易组织（WTO）管理，是第一个关于服务贸易的法律贸易协定（相对于商品贸易而言）。它的目的主要是通过清除现有障碍来系统地促进自由的服务贸易。教育是服务贸易中最后一个签订协议的部分。

在 2000 年之前，44 个国家签订了教育协定，21 个国家将高等教育包括在协定之内。据经合组织（OECD）的一份报告估计，1999 年经合组织国家的教育服务贸易额达到了 300 亿美元[6]。而事实上，这仅仅包括了学生出国留学，跨境教育服务并没有计算在内。也就是说这个数字仅代表了教育服务贸易层面的一部分。

1980 年代以来，部分国家在高等教育上的财政投入不断减少。高等教育机构也由于政府预算经费的减少而不得不寻找其他途径来增加收入。这样使得大学不断进入国际服务市场牟利。许多国家通过向国际留学生收取高额学费来获利，比如澳大利亚、加拿大、英国和美国等。此外，发展中国家为了提高学生质量和形成多元文化结构，也不断采取相应措施吸引外国留学生来本国就读高等教育。这不仅提高了学校声誉，也使他们从中获利[7]。因此，越来越多的经济利益驱动着高等教育的国际供给，跨国高等服务贸易活动也由此不断升温。

2. 学生和教师的国际化

随着教育服务贸易的升温，许多国际高等教育机构采取多种形式，向那些缺乏高等教育机会的国家提供高等教育服务，以满足日益高涨的需求。借此，学生流动、学者流动、教师流动等形式的学术流动已经成为整个高等教育的一部分[8]。

据 UNESCO 出版的《全球教育概览（2006 年）》，2004 年全世界的国际留学生总量为 2,455,250 人，其中来自亚洲的留学生居首位（700,999），其次是北美和西欧（486,601），第三是东欧和中欧（298,093）。动态地来看，从 1999 年到 2004 年，全世界前 20 位的留学生接收国（receiving countries）所接收的留学生数，由 151 万人增长到 244 万人。短短五年，留学生增长了 67%，平均年增长率达 13.3%[9]。

此外，还有大量学者在国际流动。以美国为例，1995 年美国大学校园的外籍学者为 58,074 人，2000 年增长到 74,571 人，2005 年为 89,634 人。在 10 年内增长了 50% 还多（参见图 1.2）。其中 2004—2005 年度的美国的外籍学者（89,634）仅计算了授予博士学位的大学，而其他大学中的国际学者并不包括在内。在这些外籍学者中，有一部分是在美国等发达国家接受高等教育，并获取博士学位。虽然尚不清楚具体的比例占多少，但是可以肯定的是他们通过海外留学方式，获取国际名牌大学的博士学位并选择在美国等发达国家工作和居留。

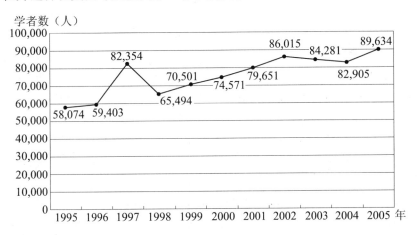

图 1.2　美国大学校园外籍学者数（1995—2005）

资料来源：http://exchanges.state.gov/universitysummit/mobility_report.pdf

3. 国际知识转移①

随着学生的国际流动，"知识"以留学生为载体从一些国家被传播到另一些国家，产生了"国际知识转移"（internatinal knowledge transfer）现象。国际知识转移的常见方式和途径有：① 知识媒介（knowledge media），如书籍、电影、信件、电子邮件等；② 学生和学者的流动（physical mobility）；③ 国际合作研究和联合教学项目等。随着信息技术的发展，知识媒介、学生流动和国际研究与教学合作等方式变得越来越普遍，有效促进和加快了知识在国际间的流动。

以经济学的角度来看，以上高等教育国际化的种种表现，既符合国家的长期经济利益，也有利于其短期（或直接）的经济利益。它不仅有助于丰富国家的人力资源，提升国家的经济竞争力，而且有利于拓展高等教育机构的经费来源。对个人而言，高等教育国际化将满足个人的高等教育需求，并可能提高其经济收益。

———————

① Kim 1998 年提出的知识输入（knowledge import）与本文使用的知识转移（knowledge transfer）在基本含义上是一致的，都是指知识在国际间的流动。知识输入是从知识输入国的角度来定义的，知识转移是从知识输入国和输出国之外第三方的角度来定义的。

（二）劳动力市场国际化

在全球化的影响下，全世界的贸易和移民不断增长，劳动力国际流动愈加频繁。据联合国估计，1990 年代末，全世界 2% 的人口（1 亿 4 千万）在出生地国家以外的国家居住。许多发达国家人口中的在外国出生的居民所占比重较大。如澳大利亚总人口的 6%，加拿大的 17%，法国的 11%，瑞士的 17%，美国的 9% 都是外国人（foreign-born）[10]。2005 年，国际移民总数为 1.91 亿，其中 1.15 亿在发达国家，7,500 万在发展中国家。在 1990 年至 2005 年之间，高收入国家的国际移民人数增长得最多（4,100 万）[11]。

据世界劳工组织（ILO）2007 年的统计，2006 年全世界的移民和难民有近一半在从事有薪工作或被雇用。而且他们预计，未来几十年内全世界跨境找工作和寻求人身保护的移民数量仍将快速增长[12]。国际货币基金组织（IMF）的支付平衡数据显示，自 1996 年以来各国在“计算机信息”和“其他商业”两个服务贸易项目中，美国和英国的服务贸易出口额增长稳定，2003 年分别达到 700 亿和 500 亿美元。中国和印度作为服务贸易的出口国正在迅速崛起，出口额近年来迅速增长，2003 年达到近 200 亿美元[13]（参见图 1.3）。

随着劳动力国际流动的加剧，国际服务贸易和移民中的技能型劳动力①的比例也不断增加。1990 年代期间，经合组织（OECD）国家年龄 25 岁以上的国际移民的增长数中，接近一半接受过高等教育。2000 年，每 10 名居住在 OECD 国家且受过高等教育的移民中，有 6 名来自发展中国家[11]。

虽然目前还没有关于技能型劳动力迁移的数目和趋势的全球统计数字，但是通过人口普查的数据可以估算出在经合组织国家生活并已经完成高等教育的外国人人数。如果将这些人看作技能型劳动力，就能得到目前技术人员移徙的大致规模。按这种方法估计，1990 年大约有 1,200 万 25

① 劳动力流动包括了技能型劳动力流动和非技能型劳动力流动。技能型劳动力（skilled worker）是指那些受过高等教育，或接受过专业培训的劳动力；非技能型劳动力（unskilled worker）是指一般没有受过专门培训的劳动力，包括那些非法移民劳动力在内。

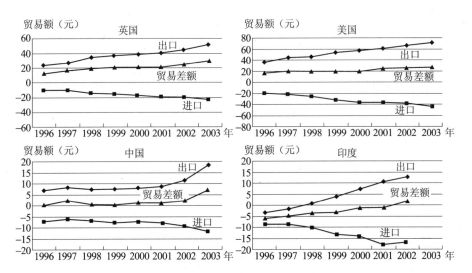

图1.3 四国服务贸易额（1996—2003）

资料来源：International Institute for Labour Studies，ILO，2007

岁（或以上）的技能型劳动力在经合组织国家生活，2000年达到了2,000万[14]。这十年期间增加的800万技能型劳动力移民占移民增长总数的46%。

来自美国的普查数据表明，55%来自拉丁美洲和加勒比地区的，以及40%来自中国和印度的被雇用高技术移民是在美国获得学士以上学位的，其中有博、硕士学位人员的比例更高[15]。

劳动力国际流动中的技能型劳动力移民的增加以及技能型劳动力移民大多在发达国家取得学位的现象表明，通过海外留学进入国际劳动力市场的毕业生有增加的趋势。那些有移民倾向者以及那些即将进入国外大学校门的高中毕业生，也都可能因为期望进入国际劳动力市场而做出相应的专业选择决定。因此，劳动力市场的国际化为留学选择造成了更为复杂的环境，不仅在留学目的地的选择上，而且在留学专业选择过程中也将遇到来自国际劳动力市场的吸引和挑战。

二、海外留学高等教育专业选择的经济背景

一项跨国研究（N=65）使用UNESCO年鉴数据研究留学生增长的

相关因素。结果显示，自 1975 年以来，亚洲国家的留学生占据了全世界留学生总量的相当大的比例，而且增长速度也非常快。相比之下，来自南非国家的留学生数量在 1980 年代达到高峰后一直处于下降趋势中（见图1.4）。这说明留学生数量的增长与国家的经济发展和前景关系非常密切[1]。

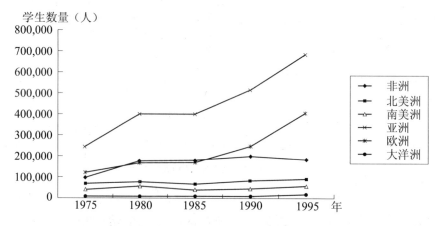

图 1.4　世界各大洲的留学生派出情况（1975—1995）

Kim 的研究也涉及留学生派出数量的影响因素。他对 101 个国家的数据进行回归分析，结果显示留学生派出国和接收国之间的 GDP 差①对留学生派出数量有负面作用。随着留学生派出国与留学生接收国的人均 GDP 差距的拉大，留学生派出数量呈减少趋势。他解释道，这是由于留学成本较高，低收入发展中国家难以斥资资助大量学生去发达国家留学[4]。

海外留学高等教育的成本很高，无论是国家还是个人都需要有一定的经济基础。近几十年来中国经济快速发展，我国学生留学海外高等教育的数量也迅速增长，这也是中国学生留学选择的现实背景。

1978 年改革开放以来，我国经济发展经历了一个持续且快速增长的时期。据国家统计局公布的数据，1978—2006 年，我国年平均经济增长率为 9.7%。2005 年人均 GDP 达到 1,714 美元，人均 GDP 增长速度超过8%。据世界银行《2000 年世界发展指标》统计，20 世纪 80 年代和 90 年

———————

① GDP 差在这个研究中是指留学生接收国和留学生派出国的人均 GDP 之比率。

代中国 GDP 增长率分别为 10.1% 和 11.2%，在全世界 206 个国家和地区中分别居第二位和第一位[16]。

从人均国民收入增长来看，1990 年我国人均国民收入是 320 美元，2000 年为 930 美元，是 1990 年的近 3 倍。2005 年达到 1,740 美元，是 1990 年的 5 倍多。15 年来人均国民收入的年增长率为 30%。根据世界银行按人均收入对国家的分类，把全世界国家分为四个组别：低收入国家（人均 GDP 少于 756 美元，按 1999 年美元计，下同），中下等收入国家（人均 756—2,995 美元），中上等收入国家（人均 2,996—9,265 美元），高收入国家（人均 GDP 高于 9,265 美元）。可以看出，1990 年和 2005 年，我国人均国民收入从 320 美元增长到 1,740 美元，已经由低收入国家逐步走向中下等收入国家的水平。

随着我国经济的持续发展和收入的不断提高，人们的投资和消费能力也逐步增长。这不仅为海外留学奠定了经济基础，也为留学专业选择提供了更大的选择空间。随着我国金融信贷体制的不断完善，许多中等收入家庭还将通过贷款等渠道和方式来弥补支付能力与留学费用的差距①。

三、海外留学高等教育专业选择的政策背景

（一）国际政策背景

国家和学术机构的政策在决定留学机会和促成留学的过程中起着重要作用。而留学生政策的制定是基于各种不同因素的考虑，其中一个重要的因素就是成本。1980 年以后，英国认为培养留学生对英国来说成本过高，因此出台了"全费"政策（full fee policy）。将资助的重点从留学生转移

---

① 据中国社会调查所（SSIC）对我国中等收入的家庭进行的一项调查，68% 的家庭人均收入在 2,000—5,000 元之间，5,000 元以上和 2,000 元以下都占少数。调查显示，79% 的家庭还不能拿出孩子留学的全部费用，需要借助贷款来承担一大部分。中国社会调查所通过随机抽样、非随机抽样、电话访问、网上调查和专访相结合的方式进行调查。发放调查问卷 600份，回收 567 份，回收率为 95%，其中有效问卷 506 份，有效率为 89%。学生家长占 50%，学生占 45%，普通公众只占 5%，包括对北京、上海、武汉、深圳、沈阳、广州等地的公众进行了专项问卷调查。此外，还有对部分出国机构有关负责人、教育专家的面访调查，以及部分低龄出国留学家庭的个案调查。具体参见新华网 http://news.xinhuanet.com/newscenter/2002-09/10/content_555689.htm。

到本国学生身上，也就是说大部分留学生在英国留学都要自付留学费用。结果在随后的几年中，英国的留学生数量大幅下降。然而随着欧洲的留学政策"伊拉斯莫（ERASMUS）计划"使得英国的外国留学生数量增加。该计划旨在扩大欧洲学生在本区域的留学机会，主要是通过降低留学费用的方式来实现这一计划。这使得欧洲在其他地区留学的人数比例很小，主要集中在欧洲地区[17]。

当然，政府除了在数量上对留学生学额作出一定的调整，还在专业领域方面有所限制。20 世纪 80 年代之前，发达国家对留学生的限制主要是通过分专业来设置留学生入学要求和提高留学学费两种政策措施。由于某些专业领域的需求和供给差异很大，因此对不同专业领域留学生所设置的入学要求差异很明显。比如在联邦德国，6% 的学额留给供需差异最大的专业，如医学类的专业，而 8% 的学额则留给农业、建筑学、生物、林学、家庭经济学、营养学、食品化学和心理学。在丹麦，医学等相关领域的留学生学额设置为总学额的 10%，社会科学的则设置在 20%。瑞士则限制其大学接收就读医学、牙医学和兽医学的留学申请者。而奥地利的许多大学对某些自然科学、新闻学和心理学等学科的留学生入学学额进行限制。在提高学费方面，美国和英国的临床医学学费比较高，1980 年代初期调整为 3,300 英镑的水平，而一些社会科学和艺术学科的学费则调整为 1,200 英镑的水平[18]。

1970 年，国际留学生选择的专业有 50% 以上属于"硬"科学（"hard" science），包括自然科学、技术和医学。而在全部学生中（包括留学生在内）选择这些专业的学生比例只占到整体的 35%。学习"软"科学学科（"soft" science）的留学生比例在芬兰、丹麦、挪威、卢森堡、瑞士和日本等国家比较高，在其他国家这些专业的留学生分布相对均衡。在所有留学生中选择医学的比例非常高，几乎是一般学生选择医学专业比例的两倍，这显示了留学医学专业需求很高[18]。

自第二次世界大战至 1980 年，澳大利亚曾对外国留学生实施资助政策。大部分海外留学生得到澳大利亚政府的大力资助或其他项目的全费资助。1983 年霍克（Hawke）政府主政后，采取了杰克逊委员会（Jackson Committee）的政策，把教育作为一种潜在的巨大出口产业来看待，而没有采纳格德林委员会（Goldring Committee）的建议（反对把教育作为商品）。因此自 1985 年开始，澳大利亚政府的留学生政策有了根本性的改变，从发展资助（留学生）课程的态度转向了把留学教育作为一种贸易（收入）来源，并在这一时期开始增加了大量英语语言培训课程（ELICOS, English-Language Intensive Courses for Overseas Students）。这类课程对学生没有什么入学要求，而且费用相对低于国际水平，因此招生量大幅增加，由 1986 年的 4,000 人猛增到 1988 年的 24,000 人，三年内增长了 5 倍。1986 年以后，中国和澳大利亚政府签署了"教育交流备忘录"，允许中国政府资助（公派）的学生进入澳大利亚学习，并且向（因私）留学生开放"教育企业"新开发的全付费课程。中国到澳洲留学的自费留学生从 1986 年的 273 人猛增到 1990 年的 13,142 人，其中参加语言培训课程（ELICOS）的 1989 年占到 87%，1990 年占到 99%，1992年，增长到 34,793 人，除了部分学习商科或者高级学位课程，大部分的自费生都是修读英语语言课程[19]。

从国外留学政策的制定以及这种政策所造成的影响来看，留学机会和经历的形成在很大程度上取决于留学生接受国对留学生教育的基本态度。如果国家把留学看成一种产业去追求利润，对留学生收取高额学费或减少资助，在短期内就打破了原有的留学供需状态，而这种供需状况的差异不仅体现在留学生学额供需数量的差异，还表现为留学生学额在专业供需上的差异。这些供需的差异会影响留学生对留学国家的选择，而且也关系到留学生留学专业的选择。比如对留学生开放澳洲的语言课程，就带来大量语言类专业的留学生。以上是从留学生接受国来看，留学教育政策对留学生数量以及专业选择的影响。如果从派出国角度来看，也会存在一些鼓励和限制性的政策和措施。下面就陈述一下我国留学政策的历史发展脉络和背景。

（二）国内政策背景

1. 公派留学政策

大陆的公派留学政策始于 20 世纪 50 年代初期。当时由于冷战状态下的国际环境，为迅速培养工业化建设急需的各种专门人才，政府采取一边倒的政策，向苏联及东欧国家大量派遣留学人员。"文化大革命"使公派留学工作受到很大阻碍，直到 70 年代后半期，公派留学政策才有了较大变化。从 1978 年到 1986 年公派留学的基本政策是"在确保质量的前提下，根据国家的需要和可能，广开渠道，力争多派"[20]。1986 年，国务院转发了国家教育委员会"关于出国留学人员工作的若干暂行规定"，确定了"按需派遣，保证质量，学用一致"的新留学方针。1992 年，国家又提出把"支持留学，鼓励回国，来去自由"作为留学工作的总方针。从改革开放以来的公派海外留学政策可以看出，我国政府对留学人员派出导向经历了一个从重"量"到重"质"的过程。

从专业分布上看，鼓励和支持的重点主要在工程、技术等应用性学科上。1986 年 12 月 8 日国家教育委员会颁布了《关于出国留学人员工作的若干暂行规定》（以下简称《规定》），第一次提出了我国留学教育在学科上的重点，重视应用学科，兼顾基础学科，并强调学用一致。《规定》中的留学工作指导原则是：出国留学工作应从我国社会主义现代化建设的实际出发，密切结合国内生产建设、科学研究和人才培养的需要，以解决科研、生产中的重要问题和增强我国培养高级人才的能力；出国留学工作应坚持博采各国之长的原则；留学的学科兼顾基础学科和应用学科，当前以应用学科为重点，并注意发展我国职业技术教育的需要。出国留学工作的方针是：按需派遣，保证质量，学用一致，加强对出国留学人员的管理和教育，努力创造条件使留学人员回国能学以致用，在社会主义现代化建设中发挥积极作用。

1996 年 6 月国家留学基金管理委员会（以下简称基金委）成立，旨在更好地支持和鼓励我国留学人员的派出和回国。基金委资助领域主要在能源、环境、制造、交通运输、信息产业、人文与社会应用科学等 12 个领域。重点支持生物、信息、新材料、先进制造技术、海洋技术等 8 个技术领域。在基础研究方面突出面向国家重大战略需求的基础研究（见附录一和附录二）。

2007 年教育部又推出了《国家建设高水平大学公派研究生项目》。该项目是"为贯彻落实人才强国战略，推进高水平大学建设，增强为建设创新型国家服务的能力，在重点建设的高水平大学中选拔一流的学生，到国外一流的院校、专业，并师从一流的导师的留学项目"。实施公派研究生项目"……要为加强高水平大学和重点学科建设服务，着眼于培养一批能够提升自主创新能力、具有国际视野的拔尖创新人才；填补我国前沿学科及空白学科的人才缺口;打造国际人才培养及交流平台,建立国内外稳定持久的学术交流渠道,使重点支持的科研团队及学科专业达到世界先进水平"。2007—2011 年计划每年选派 5,000 名研究生出国留学。留学基金委与高校以签署协议的形式确定年度选派计划,年度选派计划为指导性计划,实际录取人数将根据各校选拔的人员质量确定。公派研究生选派类别为攻读博士学位研究生和联合培养博士研究生。攻读博士学位研究生的留学期限一般为 36—48 个月,具体以留学目的国及院校学制为准;联合培养博士研究生的留学期限为 6—24 个月。

这一项目重点选派的学科领域为"能源、资源、环境、农业、制造、信息等关键领域及生命、空间、海洋、纳米及新材料等战略领域和人文及应用社会科学",并要求"各高校根据国家战略、国家重大工程、重大专项以及国内空白学科发展需要,结合本单位创新团队、创新基地和平台、重大科研项目、国家重点实验室、重点学科建设需要确定具体选派专业和领域;留学人员应派往教育、科技发达国家和地区的知名院校"。

从政策文件中可以很清楚地看到,政府一直对国家发展急需的重要学科给予重点支持和资助,比如工程和技术,而且资助重点放在应用学科以及与国家发展战略相关的基础研究学科。受此资助政策影响,加上留学费用因素的影响,我国国家公派的留学生所学专业主要集中在这些领域。因此国家派出的留学人员所学专业与国家公派留学生政策也存在一定的关联。

2. 中国大陆自费留学政策

随着公派留学的发展,国内申请自费出国留学的人数也逐渐增加。1981 年 1 月国务院批转了教育部等七个部门《关于自费出国留学的请示》,首次明确提出"自费出国留学是国家培养人才的一条重要渠道,自费留学人员是我国留学人员的组成部分"。此后,在 1982 年、1984 年,国务院又出台了《关于自费出国留学若干问题的决定》和《关于自费出国留学的暂行规定》,对公民自费留学虽然设置了种种限制,但总体上限制逐步减少[20]。

1984 年 12 月 26 日国务院发布的《关于自费出国留学的暂行规定》中明确表示:凡我国公民个人通过正当和合法手续取得外汇资助或国外奖学金,办好入学许可证件的,不受学历、年龄和工作年限的限制,均可申请自费到国外上大学（专科、本科）、做研究生或进修。但是自费出国留学者仍需得到审批。比如第三条中规定"自费出国留学人员的审批工作，除本规定第十二条另有规定者外，均按公安部门规定的办法办理。属在校学生或在职职工的，学校或单位应签署意见。"此外，政府还有将自费留学的高级人才纳入国家公派范畴的趋向。如第十二条规定："教学、科研、生产等单位的业务骨干（助理研究员、讲师、工程师、主治医师和相应职称以上的人员，以及优秀文艺骨干、优秀运动员、机关工作业务骨干和具有特殊技艺的人才等）和毕业研究生（包括应届毕业研究生）申请自费出国留学，必须取得所在单位同意，按隶属关系，报请国务院主管部门和省、自治区，直辖市科技干部管理部门审批，按照自费公派出国留学办法（即属于自费出国留学，但按公费出国留学派出办法办理出国手续）办理。大学本科毕业的人员（包括应届大学毕业生）和在学的研究生，申请自费出国留学，根据本人自愿，可以按第三条规定的办法办理，也可以按自费公派出国留学办法办理。"

1992 年，国务院办公厅下发了《关于在外留学人员有关问题的通知》（国办发〔1992〕44）号文件。该通知明确了 1989 年以后对海外留学人员的态度："鼓励出国、欢迎回国、来去自由"。2003 年，教育部办公厅发布了《关于简化大专以上学历人员自费出国留学审批手续的通知》，进一步放宽了对留学审批的限制。《通知》中规定："自 2002 年 11 月 1 日起，不再向申请自费出国留学的高等学校在校生以及具有大专以上学历但尚未完成服务期年限的各类人员收取'高等教育培养费'，不再对上述人员进行'自费出国留学资格审核'工作，不再要求上述人员向各地出入境管理机关提交《自费出国留学资格审核证明信》"。

2005 年，教育部通过国家留学基金管理委员会为中国在外自费留学生设立了《国家优秀自费留学生奖学金》，鼓励自费留学的优秀学生，奖金数额为每人 5,000 美元，并首先在美国、日本、英国、法国、德国进行试点。《国家优秀自费留学生奖学金实施细则（试行）》中规定："各驻外使（领）馆教育处、组对申请人有关自然情况作资格审查，对申请人思想素质、所学专业及学业表现进行择优筛选。对在高科技领域学习或在科研学术领域有新突破、新成果者优先考虑。"

从政策上，国家并没有表现出明显限制自费留学生的留学专业，因此自费留学生的专业选择可能相对更有空间。

我国从1978年到2006年的出国留学人员以及回国人员的总体趋势是在不断增长中，但大幅度的增长还是从2000年开始。2002年出现第一个出国留学的"峰值"，2003年和2004年有所回落，2005年重新开始恢复增长，2006年出现新的"峰值"，并且达到历史最高纪录。留学回国人员数也在这一年达到最高纪录（见图1.5）。

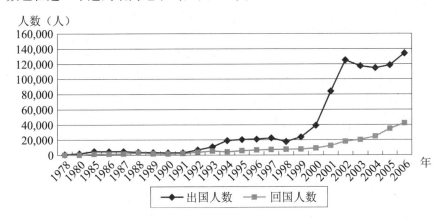

图1.5 我国公民出国及回国人数（1978—2006）

数据来源：中国国家统计局 http://www.stats.gov.cn/tjsj/ndsj/yb2004-c/indexch.htm

从改革开放以来我国留学政策变化的历史来看，国家对出国留学的限制越来越少，比如1992年"支持留学，鼓励回国，来去自由"的留学方针出台，2002年取消对自费出国留学生收取"高等教育培养费"和"自费出国留学资格审核"等。留学政策的放宽，给国内学生的留学选择带来了新契机和更多的专业选择空间。

3. 中国政府吸引留学生回国政策

1990年以来，我国留学生回国数量大幅增长，这与政府的支持和工作不无关系。据人事部2004年年初的统计，81%的中国科学院院士、54%的中国工程院院士、72%的"九五"期间国家863计划首席科学家是留学回国人员。他们在载人航天工程、高温超导、人类基因组序列"工作框架图"绘就等重大项目和高科技领域的重大突破中，以及在夺取抗击"非典"胜利的斗争中，都做出了重大贡献。随着中国留学人员回国工作、为国服务的政策体系的不断完善，越来越多的青年在走出国门学有所成之后，纷纷回国建功立业。留学回国人员已经成为国家经济社会发展的一支重要力量。从1978—2003年，中国各类出国留学人员总数已达70.02万人，分布在世界上100多个国家和地区，截至2004年2月，累计回国留学人员达到17.28万人，2003年回国人数达2.01万人，比上年度增长12.3%。

2003年，中央在"支持留学，鼓励回国，来去自由"的留学工作方针的基础上，又提出了"拓宽留学渠道，吸引人才回国，支持创新创业，鼓励为国服务"的要求。近年来，有关部门相继出台了鼓励高层次留学人员回国工作和鼓励留学人员为国服务的多种措施，在高层次留学人才回国任职、工资津贴、科研经费资助以及住房、保险、家属就业、子女入学等方面提供了较大的优惠。此外，人事部制定了留学人员创业园管理办法和留学回国人员资助办法，各地区也出台了相应的优惠政策。据人事部统计，20年来人事部累计拨款近2亿元，择优资助了4,000多名留学回国人员的科研项目，资助了3,000多名海外留学人员短期回国服务。2003年，人事部又增设了吸引海外高层次留学人才专项经费[21]。

随着国内对留学人员回国工作资助力度的不断加大，作为留学人员回国创业载体的留学人员创业园取得了丰硕成果。到2003年年底，全国已建立留学人员创业园110个，入园企业超过6,000多家，吸引了留学人员约15,000人，技工贸总收入327亿元。到2004年，中央政府的10多个部门又建立了全国留学人员回国工作部际联席会议制度，各地区的协调机制也正在建立之中。此外，各级人事部门逐渐形成了包括各地留学人员服务中心、留学人员创业园、留学人员工作站、留学人员联谊会等在内的较为全面的服务体系。中国广州留学人员智力交流会、北京高新技术产业国际周、中国辽宁海外学人创业周等，都是为组织留学人员为国服务而打造的。仅2003年，回国参加大中型科技交流活动的留学人员就有3,000多人。人事部还开通了"中国留学人才信息网"，为留学人员为国服务搭建信息平台[21]。（有关吸引留学生回国创业的政策请参考附录三）

国家在鼓励海外留学人员回国的政策上，虽然没有特别对某些专业的作出鼓励，但是从鼓励回国的系列政策上来看，大多是倾向于高新科技产业方面的专业人员。为他们提供良好的创业和投资机会，以及为他们解决

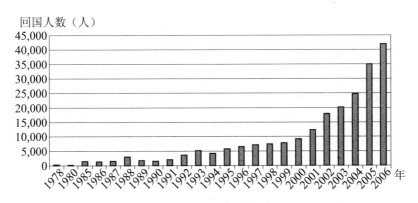

图1.6 我国留学人员回国情况（1978—2006）

数据来源：中国国家统计局 http://www.stats.gov.cn/tjsj/ndsj/yb2004-c/indexch.htm

落户、子女就学等方面的后顾之忧，可以说在某种程度上鼓励了这部分专业的留学人员的回国。

随着我国政府出台一系列吸引留学生回国就业和工作的政策和措施，回国留学人员数量不断增长（见图1.6）。我国留学回国人数从2003年的2万多人迅速增加到2008年的近7万人，2009年则首次突破10万人。通过回归的留学人员，国内学生也间接地了解到国内劳动力市场中"海归"的待遇（各种收益），包括各种学历层次和不同专业的收益上的差异。不同专业留学生的收益差异，可能会让准备留学的学生对学习不同专业产生预期收益上的差异，并进而可能导致他们选择预期收益较高的专业。

综上所述，中国学生的留学选择面临多重背景。高等教育和劳动力市场的国际化以及国际国内留学生政策的变化，为中国学生留学选择带来了多元的选择空间。而中国经济持续快速的增长和居民收入的不断增长，为学生的留学选择提供了坚实的现实经济基础。

第二节　研究问题

随着全球化趋势的加剧，国际人员流动和贸易活动日趋频繁，留学生的国际流动就是重要表现之一。留学生在海外留学和国际知识转移的过程中扮演了重要的角色。他们海外学成归国后将发达国家的先进知识带回到自己的祖国，形成了国际知识转移，而国际知识转移对发展中国家的经济增长有积极的作用[4]。留学生选择什么专业，学成归国后就可能"转移"回来什么知识。因此，留学生在国际知识转移过程中以及发展中国家的经济发展中都扮演着特殊的重要作用。

　　1978 年改革开放以来，中国的海外留学生数和留学回国人数不断增加，尤其是 2000 年以后增长势头更旺。香港中文大学的大型调查研究数据也表明，中国高中生的出国留学意愿和学成归国意愿都非常强烈（N = 12,961，其中有 80% 的学生表示愿意出国留学，并愿意学成回国工作）[22]。那么中国学生留学会选择什么专业？他们选择专业有什么特点？他们的留学专业选择主要受哪些因素影响？其中包括哪类留学学生会倾向选择哪类专业？对这些问题的回答将有助于我们了解国际知识转移中的关键影响因素，进而可以讨论对中国经济增长将产生的影响。

第三节　研究意义

　　本研究在高等教育国际化和劳动力市场一体化的国际背景下，立足中国高等教育和经济发展的现实情况，从教育经济学视角探索我国高中生的留学专业选择及其影响因素问题，并在此基础上讨论留学专业选择、国际知识转移和国家经济增长之间的关系。这不仅具有理论上的价值，而且还具有很强的现实意义。

一、理论价值

　　本研究用人力资本理论作为基本理论框架，分析和解释我国高中生留学海外高等教育的专业选择行为，回应人力资本理论。从理论上对人力资本理论的证实和发展有一定的贡献。

　　首先，虽然有研究运用人力资本理论来解释高中或大学生的高等教育专业选择行为，但是从目前本研究掌握的文献来看，还没有使用人力资本理论来分析海外留学专业选择行为的文献。因此，本研究是在留学选择领域对人力资本理论的验证和回应。其次，传统人力资本理论对教育投资问题的分析主要聚焦在不同教育水平的投资决策，如高等教育对中等教育的投资收益率等。本研究则是在同一教育水平对不同知识类型的投资分析，即专业选择行为。在这个意义上是对人力资本理论在某种程度上的推进。最后,与传统人力资本理论分析框架不同,本研究将"收益"和"就业"作为人力资本的两个因素来分析专业选择行为,即学生在留学专业选择中要考虑预期收益率和就业前景因素。这也是对人力资本理论更深入的探析和回应。

二、现实意义

在现实上,本研究在掌握我国高中生留学专业选择基本特点的基础上,分析和探讨影响学生留学专业选择的主要经济因素。这无论对于学生个人还是国家留学政策制定机构都具有很强的实践参考价值和现实意义。

首先,准确地把握我国高中生留学海外接受高等教育的基本情况和未来趋势,对学生及其家庭的留学专业决策具有一定参考价值。其次,对于教育主管部门而言,制定海外留学宏观政策(特别是留学专业相关政策)需要客观数据和科学分析的支持,本研究将对留学政策制定有一定参考意义。第三,对于国际高等教育市场上的服务提供者,尤其是国外的大学和研究机构而言,本研究也是一个非常有参考价值的留学专业市场分析报告,其市场信息价值不言而喻。

第二章　文献综述

　　本章主要回顾海外留学、高等教育及专业选择的有关文献，并综述与海外留学专业选择相关的几个理论。具体安排是：第一节主要介绍世界留学生基本状况；第二节综述国内外学科分类标准学科，找出与国际分类标准相接轨的分类方法；第三节综述高等教育专业选择、海外留学教育选择，以及海外留学专业选择的影响因素，并整理中国学生海外留学接受高等教育专业选择的有关文献；第四节回溯与海外留学专业选择研究相关的理论；第五节对海外留学生的专业选择文献进行总结，并提出可能的研究方向。

第一节　全世界留学生分布及专业分布

　　在过去几十年中，全世界留学生分布基本保持了相对稳定的格局，即发达国家是留学生选择的核心，而发展中国家和不发达国家则处于被选择的边缘。20世纪60年代和70年代，全世界最大的五个留学生接收国（Host Country or Receiving Country）分别是美国、法国、苏联、英国和联邦德国。进入21世纪，除了苏联的位置被澳大利亚所代替，其他四个国家依然保持前五位的位置。从图2.1中可以看出，处于前三位的国家

（美、英、德）接收的留学生数之和占全世界留学生总数的近50%。加上紧随其后的三个国家（法、澳、日），六国接收留学生的总数占了全世界留学生总数的2/3[3]。也就是说，全球有近一半的留学生在欧洲，有1/4在美国，南美洲和非洲则是接收留学生最少的地区。

在留学生派出国方面，亚洲、欧洲和非洲国家占据了留学生派出数量的绝大多数。在所有的留学生中，每10个人中就有5个来自亚洲，3个来自欧洲，1个来自非洲。亚洲派出的留学生中的66%去了北美和欧洲。而欧洲国家派出留学生的80%依然在欧洲的其他国家，其中3/5在英国、德国和法国留学（见图2.1）。

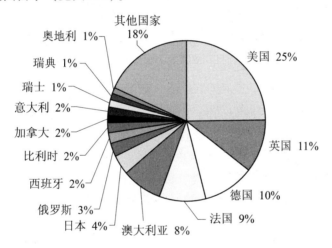

图2.1　全世界留学生分布（2002—2003）

资料来源：www.uis.unesco.org

虽然目前还没有足够的统计资料显示全世界留学生留学专业的分布状况，但是从美国这一接收全世界留学生最多的国家来看，也能反映出世界留学生专业选择的一些特点。2005年在美国留学的各专业的留学生中，经济管理类专业的留学生占留学生总数比例最高（25%），其次是工程类专业（18%），第三是数学与计算机科学类专业（16%），然后依次是自然科学和生命科学类（9%）、社会科学类（9%）、非强制实践培训类（Optional Practical Training）（8%）、美术和应用艺术类（5%）、卫生健康类（5%），以及其他专业（包括语言、人文、教育和农业等，占5%）

（见图 2. 2）[23]。

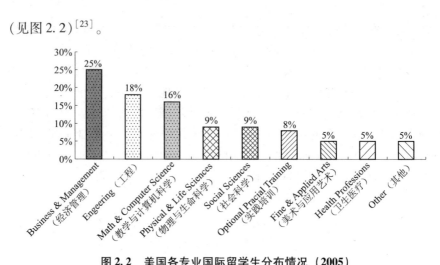

图 2.2　美国各专业国际留学生分布情况（2005）

除了留学生分布，一些关于外籍学者在美国工作的专业分布也可作为参考，因为其中一部分学者是在美国等发达国家留学取得学位后，选择在美国大学里工作的。2005 年在美国大学工作的外籍学者的专业分布情况为：科学领域的占 37.6%（包括生命科学、物理学和数学），医学领域的占 21.9%，工程领域的占 14.7%（包括工程、计算机与信息科学），社会科学的占 4%，经济管理的占 2.7%（见图 2.3）[23]。

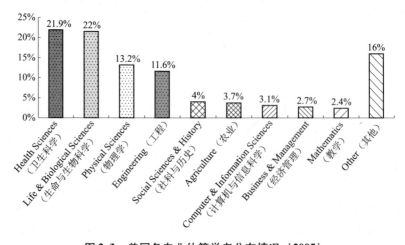

图 2.3　美国各专业外籍学者分布情况（2005）

在分析专业类别时，本研究注意到很多研究文献中的专业类别很不相同，使得不同的研究之间很难直接进行比较。比如，有些研究将经济管理作为一个单独的学科来对待，而有些则把它归并到社会科学中。虽然专业划分并没有严格的划一标准，但是为了研究方便和科学性，首先要明确本研究中专业学科划分的具体标准。

第二节　高等教育的学科分类

目前，国内外对高等教育的学科分类标准不一，国际上通常使用联合国教科文组织（UNESCO）的分类方法进行分类。本节主要介绍各种分类法及其差异，以及本研究海外留学高等教育的专业分类方法。

一、高等教育的国际分类

（一）联合国教科文组织的分类标准

按照 UNESCO 1997 年颁布的标准《国际教育标准分类法 ISCED 1997》（International Standard Classification of Education，1997），将教育分为 25 个学科[①]（field of education）和 9 个大类（broad group），分别是：

- 教育（14 师资培训和教育科学）；
- 人文学科和艺术（21 艺术；22 人文学科）；
- 社会科学、商业和法律（31 社会及行为科学；32 新闻学和信息；34 商业与管理；38 法律）；
- 科学（42 生命科学；44 自然科学；46 数学和统计学；48 计算）；
- 工程、制造和建筑（52 工程学和工程行业；54 制造与加工；58 建筑学与建筑工程）；
- 农业（62 农业、林业和渔业；64 兽医）；
- 卫生和福利（72 卫生；76 社会服务）；

[①] 现在的"卫生"这一学科是由以前的医疗、医疗服务、护理和牙科几个学科领域合并而成，而此按照合并前的划分方法计算就是 25 个学科。

- 服务行业（81 个人服务；84 运输服务；85 环境保护；86 安全服务）；

- 不明及未分类的科目（此类并非分类法中的一部分，但在收集资料时，用"99"来指不明及未分类的科目）[24]。

（二）其他分类

世界银行的分类标准稍有不同，学科被分为：人文学科、社会与行为科学、自然科学、医学、工程[25]。而经合组织（OECD）采用 UNESCO 的标准分类来进行数据收集和统计。

二、中国大陆高等教育学科分类

中国大陆现行的学科分类有三种：一是由国家技术监督局 1992 年发布的《国家标准学科分类与代码》，共设置学科门类 5 个，一级学科 58 个，下面还分若干个二三级学科；二是由国务院学位委员会、国家教育委员会 1997 年颁布的《授予博士、硕士学位和培养研究生的学科专业目录》，共设置 12 个学科门类、88 个一级学科、381 个二级学科（后增民族医学，实际为 382 个）；三是教育部 1998 年颁布的《普通高等学校本科专业目录》，共分 11 个学科门类、71 个大类、249 个专业。就与高等教育有关的后两个学科分类而言，主要差别在于：（1）前者比后者多一个军事学门类，其余的名称均相同；（2）前者在学科门类下分一级学科和二级学科，后者在学科门类下分大类和专业，不仅数量不等，有的名称不同，就是名称相同，学科专业的宽窄也不一[26][27]。

根据《授予博士、硕士学位和培养研究生的学科专业目录》和《普通高等学校本科专业目录》，我国专业学科分类主要是 12 大类，分别是：哲学、经济学、法学、教育学、文学、历史学、理学、工学、农学、医学、军事学和管理学。

三、中国香港高等教育学科分类

根据香港特别行政区大学教育资助委员会（UGC）2006—2007 年度的学科类别表，分为 7 个大类和 17 个小类[28]，具体分类见表2.1。

表 2.1　香港的学科分类（2006—2007 学年）

大类学科	细分学科
医科、牙科和护理科	医学、牙医学、与医学及卫生有关的学科
理学科	生物科学、自然科学、数学科学、电脑科学及信息
工程科和科技科	工程及科技、建筑学及城市规划
商科和管理科	工商管理
社会科学科	社会科学、法律、大众传播及文件管理
文科和人文科学科	语言及相关科目、人文学科、艺术设计及演艺
教育科	教育

资料来源：香港特别行政区大学教育资助委员会（UGC）2006—2007

四、调查问卷中的高等教育专业分类

考虑到被调查对象（中国大陆高中生）对于学科专业的理解程度，香港中文大学的研究项目在设计问卷的时候根据高中生比较容易理解的国内分类方法来设计题目。等调查数据输入数据库后，再根据国际分类法将其重新编码。在该研究项目中，问卷设计的题目是：若有机会去海外升读大学的话，你希望修读哪个学习方向？

问卷第 31 题中，供学生备选的专业选项有 14 类，分别是：（1）基础理科（如数学、物理、化学、生物）；（2）工程；（3）计算机与软件工程；（4）社会科学（如社会学、心理学、人类学）；（5）经济管理（如经济、会计、市场营销）；（6）人文科学（如文学、历史、哲学）；（7）外语；（8）教育；（9）医学；（10）法律；（11）艺术与设计；（12）建筑；（13）新闻传媒；（14）其他。

这样分类的好处是便于学生在他们熟悉的中国分类方法下进行选择专业和填写问卷，而局限在于很难与国际分类相比较。因此需要将问卷中的分类进行重新编码，归入国际标准分类。

五、本研究中的高教专业分类

本研究中把学生所选专业分为七大类：科学、医学、工程、经济管理、社会科学、人文与艺术，以及其他专业。这样分类的主要理由如下：

1. 这些专业学科创造传递的知识的性质不同。科学、医学和工程类专业学科主要关注的是人与自然世界的关系，而社会科学、人文与艺术类专业主要关注人与社会及文化之间的关系。

2. 在科学、医学和工程类专业内部，科学类专业与工程类专业的学科性质也有所不同。科学更多属于基础性知识（basic knowledge），具有广泛的普适性和非直接应用性；而工程则更多属于应用性知识（applied knowledge），其实用性更强。

3. 在社科、人文艺术类专业内部，社会科学和人文与艺术类专业学科的知识性质也有区别。社会科学是关于人在社会中的行为知识，具有一定的普遍性（universal）、认知性（cognitive）和直接性（categorical）。而人文与艺术是关于社会文化的知识，具有一定的独特性（unique）、情感性（affective）和象征性（symbolic）[29]。

4. 实证观察和调查数据也呈现出一些特点。（1）科学与工程专业的留学教育对发展中国家经济增长有显著的贡献；（2）医学专业在国际上属于高收入的专业领域（professionals）；（3）中国高中生对社会科学选择比例远超过科学与工程的比例而位居第一（见表2.3）；（4）中国高中生对经济管理的选择在整个社会科学类专业中占据了最高的比例（24.4%），是中国大陆高等教育目前较"热门"的专业之一，因此本研究将经济管理专业从社会科学类中分离出来，单独作为一个类别；（5）人文与艺术专业被选择的比例也很高（18.1%）。

因此，从各类专业学科的知识性质出发，结合国际实证研究以及我国高中生留学专业选择的实情来看，按这七大类专业进行分类是比较合理的。

调查问卷的分类方法是根据国内学生比较熟悉的方式设计的，为了研究的方便，需要将这些专业进行归类，具体归类方法如下：

第一步，将调查问卷中学生选择专业按 UNESCO 1997 的标准归类。

为了与国际标准分类相对应，本研究将问卷调查中的专业重新归入国际教育标准分类法 ISCED 1997 的学科专业中去。（1）将"基础理科"归入"科学"类；（2）将"工程""建筑"和"计算机与软件工程"三个专业方向学科归入"工程、制造和建筑"一类；（3）将"社会科学"

"新闻传媒"和"法律"三个专业学科归入"社会科学、商业和法律"这一类;(4)将"经济管理"从"社会科学、商业和法律"这一类中取出,作为单独一类;(5)将"人文科学""艺术与设计"和"外语"三个专业方向归入"人文学科和艺术"这一类,把"医学"归入"卫生和福利"这一类。

第二步,在所有的学科中,教育和医学比较特殊,UNESCO 把教育作为一个单独学科,将医学归入"卫生和福利"这一类。为了研究中分析和解释的方便性,本文将使用"医学"这一学科概念,并作为单独一类,不采用"卫生和福利"这一宽泛的概念。另外由于国外教育学科很多都是在研究生阶段才开设,加之本研究中所选比例很小,因此将"教育"归入"社会学科"这一类。

第三步,把已经归入 ISCED 1997 学科分类的调查问卷分类,加上第二步的调整,最终归入本研究的分类:(1)科学;(2)医学;(3)工程;(4)经济管理;(5)社会科学;(6)人文与艺术;(7)其他专业。

为更清晰地表明各种分类方法之间的对应关系,本研究特别把归类的关系进行列表说明(见表 2.2)。

表 2.2 高等教育学科专业分类标准对照①

本研究分类	国际分类 (UNESCO, 1997)	问卷分类 (孔繁盛等, 2007)	国内分类 (教育部, 1998)	香港分类 (大学资助 委员会,2007)
(1)科学	科学	基础理科	理学	理学科
(2)医学	卫生和福利	医学	医学	医科、牙科 和护理科
(3)工程	工程、制造 和建筑	工程 计算机与软件工程 建筑	工学	工程科和 科技科

---

① 由于各种分类方法之间存在很大差异,因此本表格中的各种分类方法之间的关系只能作为大致对应参考,而不能一一对应。

续表

本研究分类	国际分类（UNESCO，1997）	问卷分类（孔繁盛等，2007）	国内分类（教育部，1998）	香港分类（大学资助委员会，2007）
（4）经济管理	社会科学、商业和法律	经济管理	法学、管理学、经济学、教育学	商科、管理科
（5）社会科学		社会科学		社会科学科
		法律		
		新闻传媒		
	教育	教育		教育科
（6）人文与艺术	人文学科和艺术	人文科学	文学、历史学、哲学	文科、人文科学科
		外语		
		艺术与设计		
（7）其他	农业	其他	农学、军事学	
	服务行业			

根据问卷统计的结果为：经济管理（24.4%）、社会科学（10.1%）以及计算机与软件工程（9.9%）占据了学生留学专业选择的前三位。而人文学科、其他专业和教育排在最后三位（见表2.3）。

表2.3　升读海外高等教育的首选科目（按问卷统计的结果）

		频　数	比　例	有效比例	累计比例
有效	经济管理	2,501	19.3	24.4	24.4
	社会科学	1,039	8.0	10.1	34.6
	计算机与软件工程	1,010	7.8	9.9	44.4
	艺术/设计	956	7.4	9.3	53.8
	医学	906	7.0	8.8	62.6
	新闻传媒	634	4.9	6.2	68.8

续表

		频　数	比　例	有效比例	累计比例
有效	外语	559	4.3	5.5	74.3
	工程	526	4.1	5.1	79.4
	法律	501	3.9	4.9	84.3
	基础理科	440	3.4	4.3	88.6
	建筑	349	2.7	3.4	92.0
	人文科学	340	2.6	3.3	95.3
	其他	300	2.3	2.9	98.3
	教育	178	1.4	1.7	100.0
	Total	10,239	79.0	100.0	
缺失	缺失	2,711	20.9		
	系统缺失	11	0.1		
	总计	2,722	21.0		
样本总量		12,961	100.0		

根据本研究分类方法（7大类），基本的统计结果显示：学生选择最多的留学专业是经济管理（24.4%），其次是社会科学（23.0%），再次是工程（18.4%）、人文与艺术（18.1%），占总有效样本10%以下的专业依次分别是医学（8.8%）、科学（4.3%）和其他（2.9%）（见表2.4）。

表2.4　升读海外高等教育的首选科目（按本研究分类标准统计结果）

		频　数	比　例	有效比例	累计比例
有效	经济管理	2,501	19.3	24.4	24.4
	社会科学	2,352	18.1	23.0	47.4
	工程	1,885	14.5	18.4	65.8
	人文与艺术	1,855	14.3	18.1	83.9
	医学	906	7.0	8.8	92.7

续表

		频 数	比 例	有效比例	累计比例
有效	科学	440	3.4	4.3	97.0
	其他	300	2.3	2.9	100.0
	总计	10,239	79.0	100.0	
缺失	系统缺失	2,722	21.0		
总计			12,961	100.0	

第三节 高等教育、海外留学及专业选择的影响因素

一、高等教育专业选择的影响因素

从已掌握的文献来看，影响学生高教专业选择因素的研究大多集中在个人特征和家庭背景等因素上。个人因素包括：性别[30]、高中平均成绩GPA、对专业的认识[31]、专业兴趣（subject interest）[32][33]。家庭背景因素包括：父母职业、家庭的社会经济地位 SES[34]、家庭期望、家庭所在地区[35]、父母的鼓励[33]等。

文献显示，经济因素也是显著影响高等教育专业选择的因素，如预期收益、就业前景和职业发展等因素。

科克（Koch）研究了预期专业内部收益率（IROR）与学生专业选择的相关关系。他用美国伊利诺伊州立大学 1968—1969 和 1971—1972 两个年度的各专业招生数，计算出两个年度之间招生数变化的变化率，然后用线性回归的方法来测量 1968—1969 年度各专业的收益率对 1971—1972 年度各专业招生人数的变化率的影响。回归方程为：

$$Y = -21.19 + 4.43 IROR$$

其中，Y 代表各专业招生数的变化率，$IROR$ 代表预期专业的内部收益率。专业数为 17，自变量 $IROR$ 在 0.01 水平上显著。预期专业收益率的代理变量是实际的专业内部专业收益率（其数据从国家科学基金 NSF

获得），收益率的计算方法为：

$$0 = \sum_{t=1}^{n} \frac{\$_t}{(1+r)^t}$$

其中 r 代表专业收益率，$ 代表净收益，t 代表年份。净收益是某个专业终身收入流（lifetime-income streams）1968—1969 年的横截面数据（cross section observation）与 1968—1969 年获伊利诺伊州立大学某个专业学位所需的成本之差。

研究的结论为：专业的内部收益率可以在 30% 的水平上预测专业招生数变化的方差[36]。也就是说专业的内部收益率水平越高，该专业的招生数越多。可见学生的本科专业选择与学生对该专业的内部收益率有关。该研究的局限性在于，学生预期的专业内部收益率是用实际的专业内部收益率来代理的，其计算使用的是横截面数据，而不是时间序列或跟踪调查。另外研究数据是美国伊利诺伊州立大学一所学校的招生数据，其结论的可推广性有限。

刘易斯和维拉（Lewis & Vella）研究了澳大利亚学生选择工程专业的影响因素。他们用线性回归法中的普通最小二乘法（OLS）分析 1970—1981 年澳大利亚工程专业毕业生数的影响因素。其表达式为：

$$COME = F(COMM, SALENG, SALALT, HSC, DEM)$$

其中，COME 代表工程专业的毕业生数（commencements），COMM 代表男性本科生数量，SALENG 代表工程师的工资，SALALT 代表其他专业的工资，HSC 代表数学水平适合学工程专业的学生数，DEM 代表市场对工程师的需求。研究结果显示，性别、对数学的兴趣、工程专业的相对工资、工作前景、市场对工程师的需求等因素影响学生对工程专业的选择。

其中，与人力资本理论一致，学生选择工程专业（毕业生数）与专业的相对工资（相对其他专业的工资）呈现正相关关系（在 0.10 水平上显著）。即学生倾向选择收益率比较高的专业。此外，就业前景（employment prospects）也影响工程专业的选择（0.05 水平上显著）。学生对工程专业就业前景的考虑，主要涉及工程专业的就业可能性和相对工资两个方面，即如果工程专业的就业前景好，就业可能性较大，而相对其他专业的工资较高，那么学生就更愿意选择工程专业。因此，专业的相对工资和工作前景是对学生的专业选择产生影响的重要因素[37]。

伯杰（Berger）研究了大学专业选择与预期收益的关系。他的数据来自美国国家青年追踪调查（NLS, National Longitudinal Survey of Young Men），研究样本为 5,000 人。被试的年龄段在 14—24 岁之间，调查的时间分别是 1966、1971、1973、1975、1976、1978 年。这些年份的数据代表从 1962 年入学到 1977 年大学毕业进入劳动力市场的人群。去除那些到 1978 年还没有获得学士及学士以上学位的人，以及那些所学专业无法确认的人，最后总有效样本为 624 人。研究将学生的所学专业划分为五个学科领域（Field of Study）：商业、文科（liberal arts）、工程、科学和教育。

其研究假设为，个人选择某专业目的是为了最大化其终身效用（lifetime utility），而终身效用取决于专业本身的特征和选择者自身的特征。在控制个人特征（偏好、家庭等因素）后，个人选择专业的决定，取决于该专业相对于其他专业的预期收益，即个人预期该专业与其他专业的收益差。研究使用条件逻辑回归模型，得出的结论是，影响大学生专业选择的主要因素是预期未来收入流的现值（present value of the future earnings stream），而起薪（beginning earnings）的作用并不显著。即当个人预期某专业未来收益的现值相对其他专业的收益现值增加时，那么他选择这个专业的可能性就会增加[38]。

莱佩尔等人（Leppel et al.）2001 年研究了父母职业（parental occupation）和家庭社会经济地位（SES, socioeconomic status）对学生专业选择的影响。他的研究数据来自美国教育部的国家教育统计中心（NCES）1990 年的调查（BPS, Survey of Beginning Postsecondary Students）。调查对象为刚入学的大学新生（将来获得学士学位的本科生），有效样本量为 4,161 人。研究使用了多元逻辑回归方法，因变量为专业选择（CHOICE），自变量为性别（FEMALE）、种族（BLACK/ASIAN）、民族（HISPANIC）、年龄（OLDER）、学习能力（HIGHACAD）、专业经济收益的重要性（WELLVI）、父亲职业（DOCC）、母亲职业（MOCC）、家庭社会经济地位（SES）、性别与父亲职业的交互作用（FEM∗DOCC）、性别与母亲职业的交互作用（FEM∗MOCC）、性别与 SES 的交互作用（FEM∗SES）。回归方程如下：

$$CHOICE = b_0 + b_1\ FEMALE + b_2\ BLACK + b_3\ ASIAN +$$
$$b_4\ HISPANIC + b_5\ OLDER + b_6\ HIGHACAD +$$

$$b_7\,\text{WELLVI} + b_8\,\text{MOCC} + b_9\,\text{FEM} * \text{MOCC} +$$
$$b_{10}\,\text{DOCC} + b_{11}\,\text{FEM} * \text{DOCC} + b_{12}\,\text{SES} +$$
$$b_{13}\,\text{FEM} * \text{SES}.$$

为了避免专业分类太多可能会造成在逻辑回归中因变量的值出现空缺（比如军事专业），研究者将因变量的值分为五大类：商科、教育、卫生、人文与社会科学、科学与工程。这样分类是因为研究者关注未来经济收益对学生选择专业的影响，该研究假设商科、科学与工程、卫生专业将会给学生毕业后带来较高收入的工作，而人文与社会科学和教育则带来低收入工作。

研究结论为：（1）专业的经济收益是导致学生选择商科专业的主要因素；（2）父亲职业为专业人员（professional）和管理人员（executive）的学生更可能选择工程和科学专业；（3）社会经济地位对女生选择专业的影响要比男生大，随着家庭社会经济地位的增加，男生更可能选择商科，女生则相反。可见，除了学生个人和家庭因素的影响，个人对经济收益的预期也是影响学生选择专业的重要因素[34]。

蒙特马奎特、坎宁斯和马赫斯瑞德吉安（Montmarquette, Cannings & Mahseredjian）使用加拿大 National Longitudinal Survey of Youth（NLSY）数据库 1979 年的数据（$N = 851$），用多元逻辑回归分析影响加拿大本科生的专业选择因素。研究中的专业分四大类：商科、文科（liberal arts）、科学、教育。研究结果显示，学生选择专业的影响因素是预期选择并完成某专业与选择其他专业的相对收入。此外，研究还表明个人偏好、信息、家庭社会经济背景、性别、种族等因素也是影响专业选择的因素[39]。

斯塔尼克（Staniec）研究了美国大学生选择科学与工程专业的主要影响因素。该研究使用的数据来自于美国 1998 年国家教育跟踪研究（NELS：88），调查对象是美国八年级的学生（相当于 633 学制中的初中二年级），对他们进行跟踪调查的时间从 1988、1990、1992 年，一直到 1994 年，也就是每两年一次。1988 年年初调查的样本量为 13,120 人，而根据研究需要确定的有效样本量为 9,585 人。

该研究使用多元逻辑回归方法。因变量为学生的专业选择，自变量为性别、种族、期望收益。为了便于解释和计算，专业被划分为四个主要学科领域，分别是：科学、工程与数学；人文与艺术；社会科学与其他

（包括商科、教育等）；职业导向的课程（如美容、数据录入等）。研究假设除了学生个人特征的变量（性别和种族），主要影响学生选择专业的因素是预期专业相对收益。然而研究结果却发现，期望相对收益对学生专业选择的影响并不显著。

研究者解释出现这一结果的主要原因有两点：（1）专业学科分类太大。因为在科学与工程专业或人文艺术里面有些专业的收益可能会显著地影响学生的专业选择，但是当这些专业与其他专业归入同一个学科大类，从总体上这个学科大类的预期收益的影响可能就不显著了。（2）对收益的定义。作者定义的专业之间的相对收入，是根据学生进入大学当年所选专业的平均年收入计算得来。无论收益预测准确与否，都未必与学生预期的专业收益紧密相关[40]。

布达尔拜特（Boudarbat）使用加拿大国家大学生调查（National Graduates Surveys）数据库中 1992 年和 1997 年的数据（N = 12，781），分析了社区学院大学生专业选择的影响因素。研究将社区学院的专业分为五大类别：（1）教育、人文和艺术；（2）社会科学；（3）商科；（4）卫生健康；（5）科学。研究结论是：学生专业选择受到预期专业相对收益的显著影响。选择商科和科学类专业的学生对收入差异最敏感，而选择社会科学类专业的学生则对收益不敏感。此外，性别、父母教育水平、个人偏好、学术能力以及家庭背景等因素也对专业选择有显著影响[41]。

马尔格韦等人（Malgwi et al.）研究了学生专业选择的影响因素。2003 年他们对美国一所东北部商科大学的 3,800 位本科生进行调查，有效样本量为 788 人，回复率为 20%。其中有 642 名（83.6%）学生为大学一年级新生（没有转专业的学生）。研究用五点式里克特量表（5-point Likert scale）测量 11 个可能对学生专业选择产生影响的因素：个人专业兴趣、该学科的能力、大学声誉、父母因素、高中老师的指导、高中阶段的学习科目、大学开放空间（open room）、潜在的工作机会、潜在的职业发展、专业的补助水平。研究结果为学生认为影响他们选择商科专业的六个最重要的因素，按照重要程度依次为：学习兴趣、潜在的职业发展、潜在的工作机会、在该学科的学习能力、专业的补助水平、大学的声誉。但是男女性别在这些因素上存在显著差异（学习兴趣因素除外）。与男生相比，女生更容易受到自己在某学科能力（aptitude）上的影响。男生较女生更容易受到某专业之付费水平（the level of pay）的影响[32]。该研究的限制在于研究对象仅仅是一所商科学院的商科专业的学生，且有效样本量不大（788人），使得结论的推广性有限。研究采用描述性统计方法和方差分析，其结论显示，专业的潜在工作机会和职业发展是学生选择专业的重要因素，可供本文参考。

卡尔金斯和维尔基（Calkins & Welki）对美国俄亥俄州一所大学的本科生进行调查，看他们选择经济学与非经济学专业的影响因素，有效样本量为199人。描述性统计结果认为，主要的影响因素依次为：个人的专业兴趣、专业工作前景、个人的专业成绩、专业的预期收益、教师声誉、教师可接近性等。虽然研究方法用描述性统计方法相对简单，但结论认为专业的就业前景和预期收益的重要性程度很高，在所有因素中的排名为第二和第四位[33]。

罗布斯特（Robst）认为学生上大学并选择某个专业是期望在劳动力市场中获得成功（找到合适的工作）。他的研究使用1993年美国国家科学基金委（NSF）的全国大学毕业生调查（NSCG）数据，采用有序逻辑回归（Ordered Logit Regression/ Ordinal Logistic Regression）方法，对大学生的工作和所学专业是否不匹配（Mismatch）进行了分析。回归方程如下：

$$\Pr(Mismatch) = X_{ij}\beta + Z_j\alpha + \varepsilon_{ij}$$

其中，X_{ij}代表第i个选择j专业的学生个人特征，包括年龄、最高学位、种族、残疾、婚姻状况。Z_j代表所获学位的专业领域。经过有关研究回溯发现专业选择和职业选择存在明显的性别差异，因此在该研究中所有的回归均分性别进行。

研究结果认为，学生所学专业与工作不匹配（Mismatch）的程度之间有着一定关系，与计算机与信息科学专业相比，其他专业都显示出较高的不匹配可能性（图书馆科学和保健专业除外）。有些专业属于比较容易不匹配的专业，如外语、社会科学、文科（Liberal Arts），因为这些专业提供给学生更一般的技能而不是职业上的特别技能。而另一些专业，如计算机、保健、工程、建筑和商业管理等专业，则给予学生更专业的职业技能，因此不匹配的可能性较低。研究建议学生在选择专业的时候要考虑该专业是否能在劳动力市场中找到与此专业相关的工作，因为如果不能的话，将减少投资该专业的教育收益（returns to schooling）[42]。研究假设，个人选择大学某专业是希望将来在这一领域和专业范围内进行工作，这一假设与贝茨（Betts）的研究结果保持了一致。

贝茨（Betts）认为人力资本理论核心原则是人们选择最理想的学业层次和类型，部分基于劳动力市场的教育收益方面的原因。他研究了加州大学圣地亚哥分校的本科生所学专业与他们掌握的就业信息以及预期薪水的关系，样本量为1,269人。样本涵盖了各学院和各年级的本科生。其中工程学院学生样本比较多，因为工程师薪水方面的信息来源比较丰富。

研究假设学生将会投资获取较多关于他/她自己所学或相近专业的市场收益方面的信息，因为转到不相关专业的职业中去工作的沉没成本（sunk costs）很高。研究结论是学生对于劳动力市场信息的掌握是不同的，这种不同与学生所学专业是相关的。学生们擅长获得自己所学专业及相关领域的就业和薪金信息。这意味着具体专业的人力资本出现了沉没成本。该研究的另一个启示在于，学生对各专业领域工资收入在认识上的差异表明，学生对不同专业的期望收益（expected returns）也不同[43]。

乔伊（Joy）对美国大学生所学专业在性别上的差异进行了研究，并探讨专业选择的性别差异对大学毕业生职业选择的影响。他的研究使用美国国家教育统计中心（National Center for Education Statistics）学士及以上1993—1994年的数据。样本量为 n = 8,000，样本是具有全国代表性的1993年大学毕业生，性别比例为男性占43%，女性占57%。因变量是职业选择，自变量包括性别、种族、婚姻状况、年龄等人口特征，包括了学术方面的变量，大学专业、工作类别选择（job choice）。研究采用多元逻辑回归方法，研究结论为：女性比男性更可能选择教育、卫生健康专业，而男性则更可能选择商业、法律以及科学；在职业分布上，女性比男性更可能进入医学、教学、文员和服务行业；男性则更可能进入管理、技术/销售、工程/计算机以及体力劳动行业；男性和女性在某些职业选择上的差异始于大学专业的选择，也就是说大学专业与其毕业后从事的职业有着很强的关联[30]。

为了更清楚地表达各种因素对学生高等教育专业选择的影响，这里用表格形式对本研究主要关注的因素进行整理如下（见表2.5）：

表 2.5 影响高等教育专业选择的主要经济因素

变 量	代理变量	研究者	样 本	方 法	主要结论
预期专业内部收益率 *IROR*	实际专业内部收益率 *IROR*	Koch, 1972	1 所大学的招生数	Liner Regression	预期专业内部收益率显著影响该专业的招生量, 即学生倾向于选择预期收益率高的专业
专业的相对工资	某专业相对其他专业的工资	Lewis & Vella, 1984	1 所大学的招生数	OLS	专业的相对工资对工程专业的招生量有积极的影响
专业的就业前景	某专业未来就业的可能性	Lewis & Vella, 1984	1 所大学的招生数	OLS	专业的就业前景对工程专业的招生量有积极的影响
预期专业相对收益	预期专业相对收入流的现值	Berger, 1988	1 所大学的 624 名本科生	Conditional Logit Model	预期专业相对收入流的现值对专业选择有显著影响
专业收益	专业收益的相对重要性	Leppel et al. , 2001	4,161 名大一学生	Multinomial Logit Reg.	认为专业收益相对重要的学生更可能选择商科专业
预期专业相对收益	预期完成某专业与选择其他专业的相对收入	Montmarquette, Cannings & Mahseredjian, 2002	851 名本科毕业生	Multinomial Logit Regression	预期收益是学生专业选择的重要影响因素

续表

变量	代理变量	研究者	样本	方法	主要结论
收益差异	专业间的相对收入	Finnie & Frenette, 2003			专业之间的实际收益存在显著差异
专业相对收益	实际专业相对收益	Staniec, 2004	9,585 名大学本科生	Multinomial Logit Regression	实际专业的相对收益对学生专业选择的影响不显著,而可能是学生预期的专业相对收益更起作用
专业的就业和职业发展前景	专业的潜在工作机会和职业发展	Malgwi et al. , 2005	788 名本科生	Descriptive Statistics	专业的潜在工作机会和职业发展是影响学生选择专业的主要因素
预期收益	预期专业相对收益	Boudarbat, 2006	12,781 名大学毕业生	Multinomial Logit Reg.	预期收益是学生专业选择的重要影响因素
就业前景预期收益	就业和收益的重要性程度	Calkins & Welki, 2006	199 名本科生	Descriptive Statistics	就业前景和预期收益的重要性程度很高(在排名中的第二位和第四位)
就业机会职业发展		Robst, 2007		Ordered Logit Reg.	就业机会和职业发展是学生选择专业的重要影响因素

续表

变　量	代理变量	研究者	样　本	方　法	主要结论
就业机会 职业发展		Betts，1996			就业机会和职业发展是学生选择专业的重要影响因素
职业发展		Joy，2006		Multinomial Logit Reg.	职业发展是学生选择专业的重要影响因素

从表格中发现，影响因素主要集中在"专业收益"和"就业前景"方面。"专业收益"使用的代理变量有"预期专业内部收益率"和"专业收益"。"专业内部收益率"的计算通常对数据的要求比较高（跟踪数据，longitudinal data），而一般的"专业收益"则使用横截面数据就可以满足，因此为大多数研究所采用。"专业收益"变量又可以分为"专业收益"和"专业相对收益"。专业收益只考虑该专业的未来收益的大小，而相对收益则考虑到该专业相对其他专业的收益大小。"专业收益"也可以分为"专业收益"和"专业净收益"，"专业净收益"更能反映该专业收益与成本的对比。

通过以上文献的回顾，至少有四个方面是值得参考和说明的。

1. "收益"是影响学生专业选择的重要因素。但是在过去的研究中通常有两种做法，一种是用劳动力市场中"真实的专业收益"作为专业收益的代理变量，另一种用学生"预期的专业收益（率）"做代理变量。使用这两种方法的不同研究结果表明，学生"预期的专业（相对）收益"对学生专业选择的影响显著，而劳动力市场中"真实专业收益"则不显著。因此在研究海外留学专业选择影响因素中，可以借鉴这类实证研究的结果，考虑用学生的预期专业收益作代理变量。

2. 除"收益"之外，学生期望的"就业前景"与其专业选择也是相关的。"就业前景"里面有两个方面，一个是就业机会，另一个是职业发展。具体来说，学生选择就读高等教育时，一方面希望选择未来就业机会比较大的专业，另一方面也希望专业选择与自己期望的未来职业相关。

3. 学生的性别、民族、学习成绩、专业兴趣、父母教育水平、家庭经济收入等个人特征和家庭背景，也是专业选择的影响因素。

4. 值得注意的是，有研究发现某些变量之间的交互作用也表现出对专业选择的预测作用（比如学习成绩和家庭收入水平之间的交互作用）。

二、海外留学高等教育选择的影响因素

海外留学高等教育选择问题有很多维度，主要包括出国留学的选择、留学国家的选择、留学专业的选择以及学成回国的选择。

关于影响学生出国留学的主要因素，阿尔特巴赫（Altbach）从派出国和接收国的不同角度归纳了影响留学生个人决策层面的推动因素和拉动因素。麦克马洪（McMahon）则分析了影响派出和接收留学生规模的国家层面的因素。虽然两者分析的层面不同，但是都可以从"推拉因素"（Push Factor and Pull Factor）角度来看这一问题。

Altbach 提出影响个人留学决策的因素主要有：留学奖学金的可获得性、国内教育质量差、缺乏研究设备、缺乏适当的教育设施和缺乏国内入学机会、政治不稳定、劳动力市场上外国学位的价值较高、对少数民族的歧视、对传统教育之不足的认识、国际生活经验的机会等因素[17]。McMahon 认为影响留学生总量的因素有：留学生派出国的经济实力、国家在世界经济中的参与水平、国家对教育的重视程度、获得国内教育机会的可能性、留学生派出国与接收国的经济实力的对比、派出国与接收国的经济联系、接收国对派出国有政治上的利益，以及接收国对留学生的支持程度等因素会对留学生派出的规模产生影响[2]（见表2.6）。

表 2.6　留学推拉因素列表

	Altbach（1998）	McMahon（1992）
推动因素 Push Factor	获得奖学金的可能性	留学生派出国的经济实力
	教育设施质量差	发展中国家在世界经济中的参与度
	缺乏研究设备	国家对教育的重视程度

续表

	Altbach（1998）	McMahon（1992）
推动因素 Push Factor	缺乏适当的教育设施和/或未能获得当地院校的录取	在本国获得教育机会的可能性
	政治不稳定	
	劳动力市场上外国学位的价值较高	
	对少数民族的歧视	
	对传统教育之不足的认识	
拉动因素 Pull Factor	获得奖学金的可能性	留学生接收国对留学生的支持
	教育设施质量好	
	先进的研究设备	
	有适当的教育设施和入学机会	
	政治稳定	留学生接收国对派出国的政治利益
	稳定的社会经济和政治环境	留学生派出国与接收国之间经济实力的对比
	获得国际生活经验的机会	留学生派出国与接收国的经济联系

在决定是否出国的基础上，留学国家的选择也是非常重要的问题。Kim 把留学教育看作是先进知识的输入过程，他认为知识输入（Knowledge Import）有助于发展中国家的经济增长，发达国家会更吸引留学生。然而留学国家被选择的概率与两个国家（派出国与接受国）的 GDP 的差距以及接收国的知识增长率均呈现倒 U 形的关系。也就是说如果留学生派出国与接收国之间的 GDP 差距很小或者很大，则该接收国被留学生选择的可能性就比较低。原因在于当 GDP 差距很小时，留学的收益小。而当 GDP 差距很大时，留学成本很高[4]。这一点很好地解释了为什么在美国的留学生中，留学生最多来自的地区是亚洲，而澳洲和非洲则

比较低（参见表2.7）。而在全世界的留学生中，每十个学生中就有五个来自亚洲，三个来自欧洲，只有一个是非洲的[3]。这实际上反映了留学生接收国与派出国的"知识差"（Knowledge Gap）对派出国留学生的数量有很大影响。发达国家之间的知识差较小，不利于其留学生的派出，而最不发达国家与发达国家的知识差过大，也不利于留学生派出，恰恰是发展中国家的派出比例非常高。

表2.7　赴美留学生分布情况（1980—2004）

各大洲	1980—1981		1990—1991		2000—2001		2003—2004	
	数量	比例	数量	比例	数量	比例	数量	比例
非洲	38,180	12.2	23,800	5.8	34,217	6.2	38,150	6.7
亚洲	94,640	30.3	229,830	56.4	302,058	55.1	324,006	56.6
东亚	51,650	16.6	146,020	35.8	189,371	34.6	189,874	33.2
南亚及中亚	14,540	4.7	42,370	10.4	71,765	13.1	98,138	17.1
东南亚	28,450	9.1	41,440	10.2	40,916	7.5	35,994	6.3
欧洲	25,330	8.1	49,640	12.2	80,584	14.7	74,134	12.9
东欧	1,670	0.5	4,780	1.2	27,674	5.1	27,710	4.8
西欧	23,660	7.6	44,860	11.0	52,910	9.7	46,424	8.1
拉丁美洲	49,810	16.0	47,580	11.7	63,634	11.6	69,658	12.2
中东	84,710	27.2	33,420	8.2	36,858	6.7	31,852	5.6
北美洲	14,790	4.7	18,950	4.6	25,888	4.7	27,650	4.8
加拿大	14,320	4.6	18,350	4.5	25,279	4.6	27,017	4.7
大洋洲	4,180	1.3	4,230	1.0	4,624	0.8	4,534	0.8

数据来源：美国教育部教育科学研究所 http://nces.ed.gov/programs/digest/

此外，留学生接收国的远近、语言和宗教以及政治稳定性都会影响留学生的决策。如果距离太远，留学成本就很高。留学生比以前更向发达国家集中，但是由于交通运输成本的降低，距离因素已经失去了它在留学决策的重要地位。

李梅和贝磊（Li & Bray）对中国大陆学生到香港和澳门特区留学的原因做了问卷调查和描述性统计分析。结果显示，留学香港的原因排前三位的是：有奖学金（73.4%）、香港大学的良好质量和声誉（55.9%）以及从香港回家比较容易（25.4%）。而澳门留学的前三位原因则是：有机会从澳门去海外留学（60.3%）、容易被大学录取（50.7%）以及所获学位在劳动力市场上有价值（43.2%）。因此，预期收益、留学学校提供奖学金、学校声誉、离家的距离、申请难易程度等因素，是大陆学生留学港澳的主要原因[44]。

平帕（Pimpa）研究了泰国家庭对子女出国留学决策的影响。他把家庭对学生留学的影响因素分为经济、信息、期望、劝说和竞争五个方面。相比没有留学直接经验家庭的学生，有留学直接经验家庭的学生容易受到父母对他有较高留学期望的影响。来自核心家庭的学生比其他类型家庭的学生的留学意愿更容易受到其所在家庭的影响。因此，留学者的家庭经济背景、父母期望、家庭类型，以及所在地区（留学信息是否充分）是影响留学和目的地选择的重要影响因素[35]。

小野和派珀（Ono & Piper）研究了日本女性在美国的留学情况，发现1989年和1990年留学美国的日本女性大部分是自费读MBA学位。她们拿到学位后大多返回日本，且首选在日本的外资公司。研究认为这一现象的产生是由于日本女性把留学作为一种提高人力资本的方式，以此改善她们的就业前景。因此，改善就业前景和未来收益因素对留学选择和国家选择有一定的影响[45]。

McMahon对18个发展中国家1960和1970年代的留学规模作了多元回归分析，结果显示"派出国经济条件差""派出国在世界经济中的参与度高"，以及"派出国对教育的重视"对留学生派出规模有显著正面影响。但是"学生来自教育条件差的国家""来自国外大学的留学资助"这两个变量的影响并不显著。有趣的是"国外政府的财政资助"这一变量与预期的结果相反，对留学生派出规模有显著负面影响[2]。

卡明斯（Cummings）对亚洲35个国家学生出国留学作多元回归分析，结果显示"派出国在世界经济中的参与度""协助学生留学的机构的发展程度""信息的丰富程度""有资格申请者占总人口的比例"四个变量与某国的派出留学生规模相关,而"人均 GNP"和"国内入学高教的机会"对留学生的派出规模没有显著影响[46]。

通过以上综述,把学生出国留学选择的主要影响因素可以分为几个层面:一个是国家层面,二是组织层面,三是个人家庭层面。国家层面包括了"国家经济条件""国家在世界经济中的参与度""国家对教育的重视""来自国外政府的财政资助"等。组织层面的有:"国外大学提供的资助""国内大学的入学机会""协助学生出国留学的机构发展程度""信息可获得性"。个人家庭层面主要有:"家庭收入水平""父母期望""父母教育水平""个人对留学的认识"等。

出国留学选择与留学国家选择的影响因素主要在个人特征和家庭背景方面,留学选择很大程度上依赖于学生家庭的经济支持和父母的影响。对于留学专业选择的研究来说,个人特征和家庭背景也很有可能是其影响因素。此外,个人预期收益和个人预期就业前景作为留学选择的影响因素,也为留学专业选择的影响因素研究提供了一个参考。

通过文献梳理,发现用以解释留学选择的理论主要是"推拉理论"。然而推动和拉动因素过于理论和概念化,而且存在双向性(某一因素在一国内部是推动力,在该国外部可能就是拉力,因为一国内的劣势,可能就是国外的优势),本研究将不侧重于对推拉理论的探讨和验证。

三、海外留学高教专业选择及其影响因素

美国是全世界最大的留学生接收国,它在 20 世纪 90 年代初接收的留学生,其专业主要分布在商业与管理、工程学、数学与计算机,以及自然科学和生命科学(见表 2.8)。赴美留学的本科生最常选择的是经济管理类专业(占总留学生数的 26.5%),其次是工程学(占15.3%),第三是数学及计算机(占 9.1%),其他学科相对比例较少,比如自然科学和生命科学占 4.6%,而最少的是英语语言,只占 0.1%。在留美研究生中,选择工程学的居第一(占 23%),第二位才是经济管理(占 14.7%),第三位是自然科学及生命科学(占 14.2%)(见表2.8)。

表 2.8　赴美留学生所学专业情况（1990—1991）

专业领域	本科生（%）	专业领域	研究生（%）
经济管理	26.5	工程学	23.0
工程学	15.3	经济管理	14.7
数学及计算机	9.1	自然科学及生命科学	14.2
社会科学	6.5	数学及计算机	10.4
美术及应用艺术	5.5	社会科学	9.5
自然科学及生命科学	4.6	人文科学	6.2
卫生科学	3.5	卫生科学	4.7
人文科学	2.2	教育学	4.6
教育学	1.9	美术及应用艺术	3.8
农学	0.9	农学	3.5
英语语言	0.1	英语语言	1.0
其他	13.0	其他	4.4
不明者	10.6	不明者	0.0

资料来源：Open Door IIE Network http：//opendoors. iienetwork. org/

　　进入 21 世纪，留学美国学生的专业选择分布情况是，选择经济管理仍占第一位（19.4%），第二位是工程学（15.2%），第三位是自然科学及生命科学（7.0%），可以说与 20 世纪 90 年代基本一致。然而在比例上有所变化，选择经济管理的留学生比例有所降低，选择工程学的留学生比例无太大变化，但选择生命科学和自然科学的留学生比例有所增加（见表 2.9）。

表 2.9　美国各学科专业的海外留学生占总留学生数的比例（2000—2007）

学科领域 ＼ 年份	2000—2001	2001—2002	2002—2003	2003—2004	2004—2005	2005—2006	2006—2007
经济管理	19.4	19.7	19.6	19.1	17.7	17.9	17.8
工程学	15.2	15.1	16.5	16.6	16.5	15.7	15.3
自然科学及生命科学	7.0	7.1	7.4	7.8	8.8	8.9	8.9

续表

年份 学科领域	2000—2001	2001—2002	2002—2003	2003—2004	2004—2005	2005—2006	2006—2007
社会科学	7.7	7.7	7.8	9.4	8.2	8.2	8.4
数学及计算机	12.4	13.2	12.3	11.8	9.0	8.1	7.9
美术及应用艺术	6.2	5.8	5.3	5.6	5.0	5.2	5.1
卫生科学	4.1	4.1	4.8	4.5	4.7	4.8	4.9
英语语言	4.2	3.6	3.0	2.6	2.6	3.1	3.8
教育学	2.6	2.7	2.7	2.8	2.8	2.9	2.9
人文科学	2.9	3.2	3.3	2.9	2.9	2.9	2.8
农学	1.3	1.4	1.2	1.3	1.3	1.4	1.3
其他	10.4	10.3	10.0	10.5	10.6	10.5	10.1
不明者	6.5	6.2	6.2	5.1	5.1	3.2	3.4
实践培训					5.0	7.4	7.5
总计	100.0	100.0	100.0	100.0	100.0	100.0	100.0

资料来源：Open Door，IIE Network http：//opendoors. iienetwork. org/

为什么美国可以吸引到全世界最多的留学生，而主要分布在经济管理、工程学等领域？夏亚峰认为大多数的外国留学生来美国是为了接受商业、工程学、物理学、数学及计算机科学等方面的训练，学习这些领域的外国留学生占外国留学生总数的56%，很显然，是美国先进的科学技术吸引了绝大多数的外国留学生。外国留学生在研究生层次主要是接受科学及技术方面的教育，学习工程类的人数最多，而在本科层次主要是接受商科方面的训练。外国留学生之所以选择这些专业，不仅因为美国大学在这些领域处于世界领先地位，而且因为他们追求实用的学位[47]。

从实证研究文献中，发现主要有以下因素对留学专业选择存在影响：

1. 预期收益和就业前景

小野（Ono）和派珀（Piper）搜集了有关日本学生去美国留学的文献资料，研究了日本女性选择留学美国MBA专业课程的原因。他们的数据主要来自于日—美教育委员会（JUSEC）1994 年的一份调查研究，调查样本是 1,019 位对美国留学感兴趣的日本学生。研究发现日本学生最感兴趣的专业是经济与管理（business and management），第二位是社会科学（social science），第三位是美术及应用艺术（fine & applied arts）。这是因为 20 世纪 80 年代日本学生学习经济管理专业的学生增长得最快，而日本国内提供 MBA 课程的大学不多，且历史不长，导致日本学生去美国读经济管理的人数增长很快。日—美教育委员会于 1989 年做的另一份调查，研究了日本学生留学美国读 MBA 专业课程的原因。他们用问卷形式访问了在美国 10 所著名大学就读 MBA 课程的日本学生，回收 169 份有效问卷，其中 25 人是女性。菅野（Sugano）就此撰写了研究报告，认为日本女性留学美国就读 MBA 课程的主要原因与她们的职业期望（就业）有关。由于日本女性在国内劳动力市场中受到歧视，女性要进入公司的高层管理人员是很困难的。为了寻求更多工作机会和升职机会，她们只能选择学习更多的知识和技能。自费读 MBA 课程就是其中一个主要途径，在日本当时可以提供 MBA 课程很少的情况下，留学美国也在情理之中[45][48]。可以说日本女性在国内公司中的工作经验是她们选择留美读 MBA 的一个重要原因。可见，日本女性之所以选择留学美国就读 MBA 课程，与日本当时的国内劳动力市场和高等教育供求状况有很大关系。

这一研究本身是根据文献资料法收集所得，其中的一些调查数据样本代表性不太高。尽管如此，他们的研究从某种程度上揭示了日本女性选择留学专业的原因是出于就业前景的考虑，是有一定参考意义和价值的。

2. 个人因素和家庭因素

凯斯特（Koester）研究了美国学生出国留学和参与交换项目的专业选择问题，研究主要聚焦在选择外语专业（大学生）或即将选择外语专业（高中生）的目的和原因。研究数据来源于美国国际教育交换局（CIEE）。1982 年，CIEE 允许国际学生证作为数据收集的工具，他们利用 CIEE 向留学生和有留学意向的学生签发国际学生证（ISIC）的机会收集数据。根据 1983 年、1984 年和 1985 年 ISIC 申请者的信件反馈，他们收集到有效调查问卷 5912 份，并对数据做了描述性统计分析（主要指标是百分比比例）。调查对象中有 14% 的学生是高中生，有意向去国外学习外语专业的占 20%；有 12% 的学生是直接进入国外课程和大学或者独立到国外留学；29% 的学生是受美国教育机构的资助，也就是交换项目。

在希望直接进入国外大学课程的学生中，有 17% 的学生选择外语专业。希望独立去国外大学学习课程的学生中，有 16% 的选择外语专业。到国外（或希望到国外）学习外语专业的学生中，有 59% 的学习目的是提高外语语言能力，有 87% 的目的是学习知识（Knowledge objective）。研究认为，希望去外国学习外语专业的学生数量很大，可能是因为高中阶段的国际旅行经验激发了学生对外语学习的兴趣[49]。

虽然此项研究是一个简单的描述性统计研究，但其样本也能反映出"个人经历"和"个人兴趣"是影响留学外语专业选择的因素。研究表明国外旅行经历、对国外知识感兴趣和对外语感兴趣等因素，有助于学生选择外语作为留学专业。由于该研究只关注外语专业的选择，对于其他专业选择的影响因素尚不清楚。

Pimpa 调查了 1,600 名在澳大利亚 28 所大学留学的泰国籍自费留学生，有效问卷 803 份。采用五分制里克特量表，测量泰国学生到澳大利亚留学时选择专业的两个影响因素：同辈（peers）和留学代理机构（agents）。同辈和代理机构对留学专业选择的影响被分为三种方式：信息（information）、劝说（persuasion）和竞争（competition）。泰国学生留学决策被假设受到来自同辈的信息、劝说和竞争三个因素的影响；同时也可能受到来自留学代理机构的信息和劝说两个因素的影响（见表 2.10）。

表 2.10 Pimpa 关于留学教育选择的影响因素的维度和层次

	信 息 （Information）	劝 说 （Persuasion）	竞 争 （Competition）
留学代理机构（Agents）	√	√	×
同辈（Peers）	√	√	√

研究结果显示，来自同辈的信息和劝说对泰国学生是否留学，以及留学国家和城市选择的影响大于他们对课程（专业）和院校选择的影响；而来自留学代理机构的信息和劝说对泰国学生课程（专业）选择和院校选择的影响更大。此外，同辈的竞争对课程（专业）的选择影响较大。因此，留学代理机构对学生提供的信息和劝说，以及来自学生同辈的竞争

影响了他们的课程（专业）选择[50]。

Pimpa 使用了他本人在 2003 年调查的数据，进一步研究了家庭因素对泰国学生留学选择的影响。在该研究中，留学选择分为五个层面，分别是：留学决定、留学国家、留学城市、留学课程（专业），以及留学院校的选择。研究者将影响学生留学专业选择的家庭因素分为两个方面："家庭期望"和"家庭所在地区"。研究发现，来自有留学经历家庭的学生，家庭期望对留学专业的影响较强，而那些没有留学经历家庭的学生，家庭期望对留学专业的影响较弱。家庭所在地区代表了家庭所在区域的社会竞争强度，曼谷地区的学生比其他城市的学生，认为社会竞争对他们留学专业选择的影响更大。因此"家庭期望"和"家庭所在地区"对留学专业选择产生了显著影响[35]。该研究中的留学课程选择主要是对留学专业选择的考虑，然而研究者并没有进一步指出留学专业的具体分类以及对专业选择的具体影响，因此无法看出这两个因素如何对留学专业选择产生影响，以及影响程度如何。

Pimpa 两个关于留学选择的研究揭示了一些外部因素对学生留学选择的影响，当然也存在一定局限。第一，从研究理论基础上看，是从消费者行为理论来看留学教育的选择，也就是把留学选择作为一种消费者对留学服务的选择，但研究者忽视了留学教育的投资属性；第二，从研究角度来看，两个研究均从外围因素（代理机构、同辈以及家庭等方面）来研究学生留学选择的影响因素。因此这只是一种从被研究者外部因素的角度来看留学专业选择，而忽视了留学生个人的一些因素的影响。第三，从研究工具上看，两个研究都只用均值差异是否显著来判断某个因素对留学专业选择的影响，而不是整体上去看所有可能的因素对留学专业选择的影响，很难说明因素之间重要程度的差异和影响的方向。

马兰热和卡特（Maringe & Carter）研究了非洲学生去英国留学时的院校选择和课程（专业）选择及其动机。研究采用质的研究方法，访谈了英国南部两所大学的 28 名非洲籍留学生，其中深度访谈 2 人。研究主要用推拉理论和决策理论来分析学生对留学专业和大学的选择，并认为学生的留学决策主要受到来自外部和自身两方面因素的影响。其中外部的影响因素主要是指学生决策的背景，包括环境和组织。内部的影响因素主要是指决策者自身的一些因素，比如个人的内在价值体系（internal value systems）和个人意识（perceptions）。

　　研究发现非洲国家学生大多选择社会科学（social science）和工程专业（engineering）。为什么非洲学生选择这些专业的课程？研究者认为主要原因在于，这些专业的课程在非洲国家劳动力市场中具有一定的声望（prestige）、课程概况（course profile）、良好印象（images of grandeur）、适宜性（suitability and relevance of course）等因素，在学生课程（专业）选择的决策过程中是最重要的。有部分被访谈对象认为他们在英国学习某专业课程，回国后将成为该国家在这一学科领域的领导者和带头人。同时，他们也看重英国大学课程能够给予一定的专业资格，使他们可以有机会在一些国际组织，如联合国和世界银行等机构工作。第二位的原因是对某专业的兴趣爱好，以及该专业的工作前景。由于研究的对象是来自几个非洲国家的近30名留英学生，可以部分代表非洲学生留学英国的选择。此外，他们在接受访谈时均已经在英国留学，因此可以认为是他们在留学行为发生后对于专业选择的观点和看法[51]。

　　综上所述，个人选择留学高教专业的影响因素可以归纳为个人内部因素和外部环境因素，本文尝试图示如下（见图2.4）。

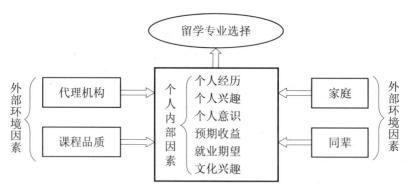

图2.4　留学专业选择的影响因素

　　有关海外留学专业选择的研究，大多从个人特征、家庭环境和社会环境等方面去解释留学专业选择行为，而从教育经济学的角度去分析该问题的研究很少见。在一般高等教育专业选择的有关文献中，证实预期收益是对学生专业选择有显著影响的因素。但海外留学高教的专业选择问题还未尝试用这一变量来分析和解释，因此是可以尝试进一步分析的研究方向。

在图 2.4 中，可以看到，留学专业选择的影响因素分为个人内部因素和个人外围环境因素。其中个人因素包括以下几个方面：（1）个人经历，指个人是否有国际旅行经历；（2）个人兴趣，指对某一专业的特别兴趣；（3）个人意识，指个人对留学国家专业课程的感觉和态度；（4）预期收益，指对留学毕业后的收入期望；（5）就业期望，指对留学毕业后就业地区和职业的期望；（6）文化兴趣，指个人对国外文化的兴趣。而环境因素则包括：家庭背景、同辈、代理机构、所在地区、留学课程的品质（Quality）。以上这些因素都是文献中析出的个人选择留学高等教育专业的影响因素，说明学生选择留学专业不仅受到自身因素的影响，还受到其外部环境因素的制约，都可为本研究提供借鉴和参考。

四、中国学生海外留学专业的研究

有关中国学生出国留学专业选择的文献和统计资料很少，从有限的文献资料中反映以下几个研究维度：

（一）出国及将要出国人员的选择

上海明略市场策划有限公司调查了上海市 14 所中学的高中生留学专业选择意向，样本量为 428 人。调查结果显示，38.5% 的学生选择信息技术类，选择管理类专业的居其次（24.6%），金融类和文学类专业都在20.0% 左右，选择其他学科的都小于 6%。新兴技术和科技专业受到学生的普遍欢迎，原因之一在于他们认为将来在此方面会有一定发展。高中生的选择比较实际，以实用类为主同时兼顾到自己的兴趣爱好，主要集中在信息技术类和管理类上[52]。

2001 年，由中国驻温哥华总领事馆教育组倡议和组织，加拿大大不列颠哥伦比亚大学①（UBC）和西蒙弗雷泽大学（SFU）的学生学者联谊会牵头，对位于加拿大西岸的六所大学的中国学生学者进行的问卷调查，样本量为 602 人。结果显示：中国学生学者在加拿大大学的专业选择面较

---

① UBC 也有地区翻译做英属哥伦比亚大学，但作者在原文中使用大不列颠哥伦比亚大学，本文也是引用他的译法。

广，既有热门的应用科学技术领域的专业，也有自然科学研究的基础领域的专业。其中攻读信息/计算机、工程技术、生物医学、农林环保、新材料及经济类专业的人数占 81.8%[53]（见表 2.11）。

表 2.11　加拿大中国留学生所学专业及比例

专业领域	所占比例（%）
信息/计算机	33.6
工程技术	21.4
经济/管理	10.4
生物医学	9.6
基础科学	7.4
农林环保	4.8
新材料	2.0
其他	10.8

陈其迅调查了中国学生自费留学德国专业选择的情况。研究对象为在国内德语培训班进行培训的学生和在德国大学在读的中国学生。研究采用问卷调查的方式（未报告样本量）。统计的结果显示：被调查的学生中约有 33% 希望在留学德国时更换专业，而大多希望转学法律和经济类专业。而希望留学时继续学习工程和机械类专业的人数锐减。研究认为留德学生在专业选择上的变化反映了中国市场对人才需求的变化趋势。随着中国改革开放的深入，与世界经济往来的频繁，市场对国际性经济和法律人才的需求不断增加。而德国经济制度发展比较完善，同时又是大陆法系国家，因此越来越多中国学生希望留学德国学习经济和法律类专业[54]。

（二）留学回国人员的留学专业调查

陈昌贵在 1996—1998 年对中国 8 个城市①22 所不同类型大学的回国

---

① 八个城市分别为北京、上海、广州、深圳、沈阳、武汉、西安、南宁。

留学人员的情况做了调查，有效样本量为471人。统计结果显示留学回国人员主要分布在自然科学和社会科学领域。其中自然科学294人（占样本量的62.4%），社会科学118人（25.1%），人文艺术32人（6.8%），贸易与管理13人（2.8%），其他11人（2.3%）。研究认为，留学人员所从事的专业对他们是否回国造成一定的影响。在研究领域的比较上，从事自然科学研究工作的留学人员在国外比较容易找到满意的工作，而人文学科、法学、医学就比较受学科性质的限制[55]。

（三）留学专业选择观念

王晓莺认为留学生选择专业的观念有所转变，她以20世纪90年代初期为分界线，把留学生分为"上一代"和"新生代"留学生。在90年代之前出国留学的，通常称为"上一代"留学生，而此之后出国的则称为"新生代"留学生。"上一代"留学生出国主要选择理工科"冷门"专业，为的是获取奖学金而后在国外找到较好的工作。而"新生代"留学生出国留学的理念日趋成熟。随着中国经济的高速发展，人们经济能力的提高，外国学生的"热门"专业——金融和法律等，也成为中国留学生的"热门"专业。他们要合理安排前程，要选择适合自己的热门专业，才能学到所需的知识和技能，才能有利于学成之后施展才华、实现理想。新老留学生之间的差异，不仅表现在专业的选择上，在择业观方面也存在明显的区别。新生代留学生就业多元化——"弃理从文、弃文（理）从商，上网单干或下海回国"。"老留学生"择业观比较单一，使得"老留学生"读博士后和充当科技界工程师或实验员的人数较多。这也是新老留学生由于择业观不同所带来的两者之间的又一差别[56]。

（四）公派留学人员专业选择

公派留学方面，2001年由北京大学教育学院和中山大学高等教育研究所合作研究《改革开放以来我国公派留学效益评估》课题组，对我国改革开放以来公派留学归国人员进行调查。调查对象是我国政府或国有单位公派出国留学且已归国的学者。调查方法是方便取样。抽取了公派留学比率较高，而且回国人员又相对集中的普通高校和科研院所，主要包括全国六个地区的10所有代表性的大学以及中国科学院系统，样本量为

4,299人，有效样本量1,927人，有效率为45%。根据报告的原始数据，留学回国人员的学科领域分别是：人文社科、理科、工科、农科、医科、管理和其他学科，各学科的留学人员占留学总人数的比例差异很大（见表2.12）。从表中可以明显看出，自然科学与工程领域的占了相当大的比例（67.7%），而人文学科与社会科学所占比例之和为26.6%。这项调查研究的主要研究对象是国家公派留学且回国的教学科研人员，因此留学归国人员的专业领域主要反映国家需要和政策导向，而并不能说明自费留学人员的"自由"专业选择[57]。

表2.12　我国公派留学人员研修学科及比例

在国外研修的学科		占总人数的比例（%）
工程与科学	理科	33.7
	工科	31.8
	医科	0.2
	总计	67.7
人文与社会科学	人文社科	21.4
	管理	5.2
	总计	26.6
	农科	1.6
	其他	1.3
	缺失	4.9

通过国内有关留学专业选择的文献整理，本研究发现对我国学生出国留学专业选择的调查研究大部分是进行简单的专业选择比例，对专业选择的原因分析主要集中在专业的"就业前景"和"收益"方面。深入研究留学专业选择的影响因素在国内还基本上处于空白状态，本研究希望从一定的理论视角来进一步补充。

第四节　相关理论的回顾

一、人力资本理论

1961 年西奥多·舒尔茨（Theodore Schultz）在《美国经济研究》杂志（American Economic Review）发表"人力资本投资"（Investment in Human Capital）一文，首先提出了"人力资本"的概念。他认为人力资本是对人本身进行投资的结果，即人拥有的知识（Knowledge）和技能（Skill），而知识和技能影响着人的工作能力，从而影响了工人工资收入的增长。他归纳出人力资本投资的主要形式有：（1）健康设施和服务；（2）在职培训；（3）正式教育（初等、中等和高等教育）；（4）由公司以外的机构为成年人组织的学习课程（study programs for adults that are not organized by firms），即公司外的培训课程；（5）个人和家庭为了改变工作机会而采取的内部迁移行为[58]。贝克尔（Gary Becker）1964 年出版了《人力资本》一书，发展出人力资本形成的理论并分析了投资于教育和培训的收益率[59]。

（一）教育与收入

人力资本理论关注的重要问题之一就是教育与个人收入之间的关系。很多经济学者认为教育与个人工资收入有关。简单地说，教育与工资收入的关系可以描述为，接受较多教育的人比接受较少教育的人享有更高层次的工资收入。实证研究观察到的这种关系可以用"年龄—收入"剖面图（Age-Earnings Profiles）来表达。主要有以下几个特征。（1）在任何时间点，受过较高层次学校教育的人，其绝对收入层次也相对较高。（2）收入增长率随着年龄的增长而降低，在 45 到 55 岁达到顶峰，随后变得扁平或下降，这一模式适用于所有层次的学校教育。（3）剖面图的斜率与学校教育层次存在正相关关系。在收入达到顶峰之前，接受较高层次教育的人，其收入增长的速度比接受较低层次教育的人快，而在顶峰之后，其收入下降的速度也比其他人快。（4）那些受过较高层次教育的人，其达到最高收入的年龄也会较晚。（5）给定一个年龄，受过较多教育的人（如：

16 年和 12 年）之间的收入差异大于受较少教育的人（如 12 年和 8 年）之间的差异[60]。

舒尔茨的研究认为，人力资本投资（主要指教育）能够解释工人工资收入的大幅增长。比如 1929—1956 年美国劳动力收入增长的未解释部分的 36% 至 70%，就可以用工人因受到更多教育所得的回报来解释。几十个国家的实证证据表明，尽管国家经济发展层次、制度环境和经济循环模式的不同，使这个模式有所变化，但它仍具有结构性的特征。到目前为止，人力资本理论是理解教育与收入的关系特征的最好的理论模式。虽然实证研究认为还有其他变量影响着教育和收入的关系，如性别、种族、民族和能力，但控制了这些变量后，教育仍然是工人工资收入增长的最重要的影响因素[60]。

在人力资本理论中，经济学家尝试用物资资本的成本收益分析方法和投资评估方法来衡量人力资本投资的投资收益率。投资收益率是把预期的投资回报与投资成本进行比较。成本收益分析是探讨投资项目的所有成本和收益，并求出收益率。所谓收益率是指未来收益的现值与成本现值完全相等时的利息率。这就使得不同项目可相互进行比较。最好的投资策略是挑选能带来最高收益率或利润率的项目，然后对其进行投资[61]。如果把用于教育方面的经费看成人力资本投资，由于它提高了受过教育的劳动者的终身收入，那么成本收益分析就可以用于比较不同教育类型或不同教育层次的经济收益率。不仅如此，成本收益法还可以比较不同专业教育的收益率差异，及其对学生专业选择的影响。

教育的投资收益率（Rates of Return to Education）是测量当教育增加时，个人或者社会所获得的未来经济净收益的一种方法。作为一种测量可获益性（profitability）方法，收益率相当于储蓄的利息，或者相当于投资机器、房产，并需要在一段时间内持续投资和在未来一段时间内获得回报的资本收益率。如果从个人立场来看，教育的收益率就是个人收益率（Private ROR），如果从社会角度看，就是社会收益率（Social ROR）。本文主要关注留学教育的个人收益，因此主要涉及学生留学专业选择的个人收益率问题。

根据以上论述，教育投资能提高人的劳动生产率，从而增加收入。而留学高等教育投资作为更高成本的投入（相对于国内高等教育投资），将可能增加受教育者拥有更多先进知识和更多技能的机会，从而增加相对于国内高等教育更高的劳动生产率，获得更高的收益。因此留学高等教育的个人收益很可能高于国内高等教育的个人收益。对于有留学意愿的学生来说，不同的专业也意味着不同的收益。因为每个人对劳动力市场中的某专业的收益预期有差异，这种差异就可能带来专业选择的差异。如果学生对A专业的预期收益率比B专业高，那么他就更可能选择A专业，而不是B专业。因此留学高教不同专业收益率的预期可能是留学专业选择的主要影响因素之一。

萨卡罗普洛兹（Psacharoprous）1992年对世界各国所作教育收益率（按专业分类）的研究进行了归纳整理，发现平均个人收益率按学科分类是：社会科学18.0%，经济管理17.7%，工程19.0%，科学15.6%，农业15.0%，人文与艺术11.5%。从人力资本的角度看，作为经济理性人，人们倾向于选择收益率较高的专业[62]。

如果根据以上专业的收益率，将可以预期：（1）预期收益较高的人会更可能选择工程类专业，而不是科学类专业；（2）预期收益较高的人，选择社会科学的可能性比选择科学的可能性更大；（3）预期收益较高的人，选择社会科学的可能性比选择人文学科的更大。然而，这些选择会不会在留学海外高教专业上出现？假设这些选择会出现，那么在中国大陆社会经济背景中，学生们将如何选择留学专业？他们预期收益的高低将如何影响他们的专业选择，将在实证中做进一步分析和解释。

（二）教育、职业与就业

教育经济学通常认为，教育、职业和收入之间相互关联。第一，教育成就（education attainment）与职业成就（occupational attainment）直接相关，即教育成就越高，其职业成就也会越高。第二，教育成就和职业成就都有助于给人们带来较高的收入[63]。

虽然大量文献关注了教育成就与职业成就的关系，但是很少涉及受教育者的教育专业与其职业的关系。因为不同专业的教育背景影响了受教育者未来的职业，进而可能会影响他们未来的收入水平，因此受教育者将可能根据自己对未来职业和收入的估计来选择教育的专业。换句话说，受教育者选择专业应该会考虑未来所从事的职业及其收益。由于转行的沉没成本很高，受教育者会尽量考虑与自己所学专业相关的职业和工作。

教育与就业之间也存在关联。不同的教育层次的劳动力的失业率是不同的，一般来说有较高教育水平的人，比较不容易失业[59][64]。而在高等教育层面，不同专业的毕业生在进入劳动力市场，也会面临专业的就业机会或就业可能性问题。毕业生大多愿意选择与他所学专业匹配或相关的工作，除非他非常希望转行。由于转行的沉没成本很高，与学生在学习该专业的期望收益相悖。因此，学生选择专业的时候，很可能会考虑到专业的就业机会或就业可能性大小[65][37][39][32][66]。

这就是说，就业机会的增加也可以被视为一种教育投资的收益[67]。而一些实证证据也证明，某些专业的就业前景和机会是影响学生选择这些专业的主要因素[68][33]。

在本研究中，与此相关的是学生留学后的就业意向，即留学毕业后是选择在海外就业还是回国发展。因为存在国际劳动力市场和国内劳动力市场的市场分割，相同专业在两个劳动力市场中的就业前景是有差异的。也就是说在两个劳动力市场上某专业的供需状况及其收入水平是有差异的。这种就业可能性的大学和收益上的差异将可能影响他们选择不同的专业。可以预期，学生将选择那些在国际（或国内）劳动力市场中有较好工作前景的留学专业。

二、其他相关理论

（一）消费者行为理论（Consumer Behavior Theory）

随着人力资本理论的产生，教育逐渐被视为一种人力资本投资，在教育上花费时间和金钱是为了获取未来更高的回报（Returns）。然而教育经济学认为，高等教育不仅具有投资性特征，而且也具有消费性的特征。教育消费动机理论认为受教育者发现教育本身具有价值和意义。它来源于新古典主义的消费者行为理论，即在一定的预算约束下，消费者选择那些能给他带来最大化效用的一组商品和服务[69]。

教育的消费性特征在学生的教育选择中也扮演着重要的角色[70][19]。而教育的投资性特征也已通过新古典主义消费者行为理论与教育的消费性特征相结合，且有一些实证研究证实了这种消费和投资相结合的解释方法。如古拉森（Gullason）提出的模型同时强调教育的消费性价值和投资性价值[71]。而有部分研究认为教育投资性比其消费性对教育的选择更具有解释力[72]。

关于教育选择具有投资性和消费性的研究大多是在不同教育层次展开，比如在研究高等教育需求时就是如此。而对于同一个教育层次（如高等教育），不同专业之间的选择更可能被哪种理论解释？对于留学专业选择这一问题而言，又可以被哪种理论更好地解释？

如果海外留学高等教育选择被视为一种消费行为，那么留学教育的消费行为肯定会受到留学教育消费者偏好的影响。留学消费者可能存在各种个人消费偏好，比如希望通过留学拓宽个人视野、接触多元文化、体验海外生活、结识当地朋友等。这些方面是高教消费者在选择是否出国留学时，相对于选择国内高等教育时可能存在的偏好。而对于留学海外高等教育选择具体留学专业时，他们是否会受到这些消费偏好的影响？换句话说，留学消费偏好是否对留学专业选择造成影响？本研究希望通过实证数据予以分析和回应。

（二）移民理论（Immigration Theory）

为了改变自己的生活和就业环境，人们常常采取"迁移"的策略来完成这种改变。"迁移"包括内部迁移（Internal Migration）和移民（Immigration）。内部迁移是指人在一个国家或地区内部流动，而移民则主要是指从一个国家或地区流动到另一国家或地区。

人力资本理论较多关注内部迁移，主要是指在一个国家内部居民从农村到城市的迁移。1980年代初期以来，随着发展中国家的城市人口由于农村移民的流入而迅速膨胀，迁移问题越来越明显。托达罗（Todaro）观察到，在许多发展水平不同的国家中，农村人口向城市迁移的倾向与其受教育水平之间存在着正相关的联系[73]。萨博和王（Sabot and Wong）综述了迁移的有关文献，如，阿瑟（Arthur）发现在加纳农村，家庭受教育水平是确定其家庭成员向城市迁移的重要标准之一。然而，教育和内部迁移趋势之间的关系超出了教育的选择性趋势，一些研究表明，愿意往城市迁移的个人和家庭旨在追求城市中更多和更高质量的教育机会。再如，莱梅尔（Lemel）对土耳其的研究表明，农村居民相信高水平的教育通常会使人受益终生并可找到较好的工作。因为获得高水平教育的机会往往仅在城市，所以个人或家庭往城市迁移的目的首先是获得接受教育的机会，最终目的是为了提高收入的潜力。此外，古格勒认为家庭往城市迁移给其家庭成员提供了更多的接受教育的机会，这些教育机会会带来更高的地位和高报酬的工作[74]。

巴格瓦蒂（Bhagwati）对移民（International Immigration）现象做了分析。他认为一般而言，影响移民的因素主要有供应和需求两个方面。前者影响移出者（emigrants）的移民决策，被称为推动因素（push factor），后者影响移入者（immigrants）的进入，被称为拉动因素（pull factor）。其中推动因素包括：提高个人的生活水平、为孩子增加教育机会、良好专业设施的吸引力。移民过程最大的限制因素在于移民者的经济能力。如果发展中国家收入增长（如中国和印度），将导致更多的移民。另一个内在的推动因素是移民者可能得到早先移民者的帮助，尤其是经济上的帮助，从而增加移民的可能性。还有一个因素是技术因素。由于技术的发展，使得合法移民的成本越来越低，比如旅行变得更加容易，无线通讯越来越便宜，工作信息越来越容易获得，等等，这些都将不断促进移民的增加。另一个是拉动因素。拉动因素实际上是从移民输入国的角度来看移民现象，这影响了移民者进入某个国家，因此也被称为需求因素。发达国家对移民的需求不断增长，这主要有两方面的原因：一个是人口因素。发达国家存在着人口老龄化加剧和出生率下降的问题，迫切需要移民补充本国劳动力供给的不足。另一个是对有技能劳动力（skilled worker）的需求。信息技术革命发展对高级技术人员（如计算机科学家，程序员等）需求巨大，使得发达国家对有技能劳动力的需求大量增加[75]。

移民问题研究与本研究的相关之处在于，就业和教育是影响移民的两个重要因素。移民者一方面希望能改善劳动就业的环境，以提高个人收入从而改善生活水平和质量。另一方面移民与教育选择之间也存在关联性。

维维安曾（Tseng）认为移民与年轻一代的教育选择存在一定关系，尤其是在进入大学和成人这个确定、追求职业兴趣的阶段。有证据表明通过教育来寻求社会经济地位流动的期望是当代移民的显著特点。Tseng 对789 名 18—25 岁的青年做了调查研究。研究结果显示，有移民背景的人比无移民背景的人，更愿意选择含有高等数学和科学内容的课程。经分析后发现，主要原因可能是他们认为这些专业更容易在移民目的国进行就业[76]。

从某种程度上说，由于发达国家对技术移民的需求和移民者改善工作就业环境的需要，留学高等教育确实是移民者达到移民目的的一种有效途径。通过留学海外高等教育，有移民意向者可以取得国际认可的文凭、学位和技能，从而进入移民目的地国的劳动力市场，达到移民的目的。因此，在选择留学高教专业之前，技术移民者主要考虑的是移民目的地国家的劳动力市场对专业人员的专业需求，如果某专业的需求在目的地国家的未来劳动力市场上处于上升趋势，那么，有移民意向的学生就很可能会选择该专业。因此，移民理论可能对留学高等教育专业的选择也具有一定的解释力。

具体来说，有移民意向者倾向于选择其移民目的地国劳动力市场中需求大、收益高、且自身有竞争优势的专业，因为这样更容易在移民目的地就业，工资收入也较高。也就是说，移民意向较高的人，更可能选择欲移民国家的劳动力市场中需求较大、收益较高的那些专业。

综上所述，与本论文相关的理论主要包括了人力资本理论、移民理论和消费者行为理论。其中人力资本理论和移民理论，都是从投资的角度来看留学专业选择问题，可以帮助了解留学选择的投资性方面。消费者行为理论则是从消费者消费偏好的角度来看留学专业选择。因此两个方面有助于我们讨论留学专业选择可以被更好地解释为一种投资行为还是一种消费行为。

三、文献研究总结

（一）分析单位

从已有文献看，分析的单位主要分为两个层面。一个是宏观层面，另一个是微观层面。宏观层面主要分析了国家派遣和接受留学生的情况及其影响因素，大多使用"推拉理论"进行分析和解释。微观层面主要分析个人留学的情况及其影响因素，主要是从个人特征、家庭背景和就业等方面分析影响留学选择的因素，而通过人力资本理论（经济收益）角度去看这个问题是在微观层面要推进的地方。

（二）分析维度

关于留学的选择问题，研究文献中主要从五个维度进行：一是出国与否的选择，二是留学国家的选择，三是留学专业的选择，四是回国与否的选择，五是留学高等教育对国家经济增长的贡献。文献综述大部分探讨是否出国、留学国家、是否回国等问题，但是对于留学专业选择的研究比较少，这反映出该领域对此研究方向缺乏关注，也是对留学生未来将要学习的知识和技能类别的忽视。这也是本研究关注留学专业选择问题的原因。

（三）分析方法

过去有关研究的分析方法主要是用描述性统计和逻辑回归，这些方法虽然普遍应用，但很难解决研究模型中因变量为多元类别变量的情况。而随着理论和技术的进步，研究方法也在进步。近几年的研究开始逐渐使用多元逻辑回归方法来分析因变量为多元类别变量的问题。留学专业选择就属于这类问题，因此可以把这种方法引入本研究，作为解决研究问题的主要分析工具。

（四）研究的拓展空间

综合过去的研究文献，无论是从研究单位和维度，还是分析框架和研究方法来看都还有继续深入的空间。研究单位上注重留学宏观层面（留学生规模）的分析，而对微观层面（留学个人选择）关注不够。研究维度上关注留学国家和留学院校的选择，对专业选择方面涉及较少。因此本研究希望依托中国的社会经济背景进一步探索中国高中生留学专业选择问题。

首先，从留学专业选择问题的研究来看，很多文献主要从个人特征和家庭背景等角度分析和解释留学专业选择。从人力资本理论的角度来分析和解释留学专业选择问题在文献中比较少见。本研究试图从人力资本理论角度出发，探索经济因素（留学预期收益率和预期就业前景等）对中国学生留学专业选择的影响。一方面，可以为人力资本理论在留学领域的应用提供新的证据和回应，另一方面也可以为中国国家留学政策制定和个人留学专业决策提供科学的理论依据和客观实证依据。

其次，本研究也尝试对以下几个相关理论做些许回应。如前所述，移民理论和消费者行为理论都是与留学专业选择相关的理论，可以尝试作为研究留学专业选择问题的分析框架。然而本文由于数据的限制，只能对这两个理论做一些讨论和回应，为将来这一领域的研究做出铺垫，也可以提出可供研究的理论方向和问题所在，方便研究进一步拓展。

第三章 研究设计

第一节 研究问题

本研究主要探讨两个问题：第一，中国大陆高中生出国留学希望选择什么专业；第二，他们选择这些专业的主要影响因素是什么。

研究具体子问题包括：

研究问题一：中国高中生出国留学希望选择什么专业。在这个问题下有两个子问题：（1）中国高中生预期出国留学的专业选择有哪些特点；（2）留学专业选择有没有性别差异和地区差异。

研究问题二：中国高中生选择这些专业受什么因素影响。这个问题下面有两个子问题：（1）经济因素是否会影响他们的留学专业选择；（2）留学专业选择的影响因素之间是否存在交互效应（Interaction Effect）。

第二节 研究框架

通常人们认为派遣留学生海外留学有助于发展中国家的经济发展，这一观点得到了实证研究支持。该研究（$N = 101$）还进一步证实了留学不同专业对国家经济增长的作用存在差异。

Kim 对 101 个留学生派出国的经济增长与留学生的留学专业作了回归分析。研究发现，在发达国家留学科技导向专业（如科学、工程和医学）的留学生毕业后回国工作，对他们的派出国经济增长有显著正面促进作用，而非科技导向专业的留学生作用并不显著。换句话说，发展中国家派出科技导向专业的留学生数比例越高，该国经济增长速度就越快。我们不能否认留学海外社会科学和人文艺术等学科的社会经济作用，但至少可以看出留学海外科技导向专业对经济增长的作用有直接性的特点。因此，海外留学专业的选择，在发展中国家追求快速发展的过程中，特别是在尽快缩短与发达国家经济差距的过程中，显得非常重要[4]。

本研究非常关注中国学生留学出国的专业选择问题，因为这些学生出国选择科学工程或者社科人文专业，学成回国后将所学先进的专业知识"转移"到中国，可能会对中国经济发展产生不同的影响和作用。

一、概念界定

（一）海外留学

在以往的留学研究文献中所谓"海外留学"的概念很不明确，不仅包括了出国攻读学位的留学，而且也指留学语言和技术培训、交换生项目、访问学者、合作研究等[57]。此外，海外留学还有公派留学和自费留学之分。由于本研究中要探讨的是中国大陆高中生的留学专业选择，其留学层次主要应该是本科/学士学位这一层次，而本科获得国外奖学金比例相对很小，因此本研究所研究的"海外留学"是指自费出国留学本科课程和学士学位层次的留学①，而不是其他类型。

（二）高等教育

通常，高等教育按照学历层次可以分为本科教育和研究生教育（包括硕士和博士），按照是否颁发学位可以分为学位教育和非学位教育。本研究中主要关注中国大陆高中生的留学高等教育专业选择，因此本研究中的"高等教育"是指国外本科层次的学位教育。

---

① 研究者之所以选择自费留学教育，主要是因为其他形式的留学往往受到项目的限制，专业选择的余地很小，而自费留学的专业选择自由度较大、范围较宽。

（三）专业选择

"专业选择"在本研究中是指中国大陆高中生去海外留学接受本科教育可能会选择的专业。本研究将专业选择分为七个大类：科学类、医学类、工程类、经济管理类、社会科学类、人文与艺术类以及其他类专业。

（四）影响因素

本研究中的影响因素是指对高中生留学专业选择具有影响的一些因素，既包括经济因素，如预期留学收益率、预期就业前景等，也包括个人特征和家庭背景等方面的因素。

二、理论框架

本研究主要以人力资本理论作为分析和解释我国高中生留学专业选择行为的基本理论框架。

人力资本理论认为教育增加了人的知识与技能，提高了劳动生产率，从而提高了他们的收入。在本研究看来，这是纵向投资教育的理论依据，而从横向投资的角度来看，选择某个专业（或者说投资某一专业的教育），意味着增加某个专业领域的知识、技能和劳动生产率，当进入劳动力市场时，如果这一专业领域的知识应用广泛，则被市场接纳和承认的可能性比较大，也就增加了获得教育投资之收益的可能性。因此专业选择对于教育投资者来说，不仅意味着预期收益的提高，而且还代表了获取预期收益的可能性的增加，即进入劳动力市场可能性或就业机会的增加。

近年来教育经济学的研究表明，学生的专业选择决策，一部分是基于工作知识内容（job knowledge content）的市场重要性（market importance）和市场价值（valuation）。市场重要性是指某一专业的知识在劳动力市场中的重要性，这种重要性反映在该专业知识在市场中应用的广泛程度，进而反映在该专业在市场中的就业机会的大小。如果一个专业领域的知识在劳动力市场上运用广泛，该专业的就业机会和可能性就比较大，它的市场重要性就比较大，反之则会比较小。市场价值是指某一专业知识在劳动力市场中的工资收益（wage returns）。如果某一专业在市场上的工资收益比较高，那么意味着该专业的市场价值就较大[66]。

　　在本研究中，留学专业选择行为被视为一种人力资本投资行为，以了解和分析留学专业选择的投资性影响因素。一方面，对打算出国留学的学生来说，不同的留学专业意味着未来经济收益的差异。因此可以预期，学生倾向于选择那些专业收益比较高的专业。另一方面，留学专业选择的差异也意味着在未来劳动力市场中的就业机会和前景的差异。也可以预期，学生倾向于选择那些就业机会比较大且专业发展前景比较好的专业。可以说，留学专业选择行为将可能受到预期"经济收益"和"就业前景"两方面因素的影响。

　　此外，如果从消费者行为理论的角度看，留学专业选择行为也是一种消费行为，消费的对象是海外高等教育服务。因此留学选择也可能会受到消费者个人偏好的影响。比如，学生希望通过海外留学来拓宽个人视野、接触多元文化、体验海外生活以及结识当地朋友等。本研究也将会使用这一理论分析学生的消费偏好对留学专业选择将可能产生的影响。这有助于探讨留学专业选择行为的消费性，并在此基础上进一步讨论人力资本理论和消费者行为理论对留学专业选择行为的解释力差异。

第三节　研究方法

　　研究采用什么方法取决于研究什么问题，即研究问题决定了研究方法。本研究关注的主要问题是留学专业选择及其影响因素，采用量化研究方法建构模型来分析留学选择的影响因素是比较符合研究问题的一个选择，因为这既能发现中国大陆学生留学专业选择的整体趋势和特点，又能比较清晰准确地比较和分析影响专业选择的不同因素之间的差异及其程度。

一、描述性统计方法

　　本研究中，描述性统计方法主要是指学生选择留学专业的频数和百分比，比如选择科学类、医学类、工程类、经济管理类、社会科学类和人文与艺术类专业的学生数，以及选择不同专业的学生数占总样本量的百分比等。

二、非参数检验（Nonparametric Test）

非参数检验是指在总体分布情况不明时，用来检验数据资料是否来自同一个总体假设的一类检验方法。这类方法的假定前提比参数性假设检验方法少得多，也容易满足，适用于计量信息较弱的资料且计算方法简便易行[77]。由于本研究中需要比较学生专业选择的性别差异和地区差异，而专业选择是类别变量，不是连续变量，因此不能满足参数检验的正态分布的要求，故选取非参数检验的方法来分析。非参数检验的方法很多，本研究主要采用两个独立样本检验（Two Independent Sample Test）和多个独立样本的检验（K Independent Sample Test）[78]。

两个独立样本检验主要处理的问题是，当两个独立样本的总体分布类型不明，又想知道这两个样本是否具有相同分布的情况。而本研究中，学生专业选择的性别差异将用这种方法处理。多个独立样本检验处理的问题与两个独立样本检验相似，只是有三个和三个以上的独立样本要检验。本研究中，学生专业选择的地区差异将用这种方法来处理。

三、多元逻辑回归①

一般而言，因变量是连续变量的回归模型一般用最小二乘回归（OLS）来处理，但是当因变量是非连续变量（如类别变量）时，则需要用多元逻辑回归方法来分析和处理。本研究中的因变量是"留学专业选择"（七大类专业），属于多元类别变量（Multinomial Variable），因此使用多元逻辑回归模型来分析留学专业选择的影响因素。

（一）逻辑回归

有许多社会现象常常在本质上是离散的（discrete），而不是连续的，比如一个人选择一个工作，而不是另一个[79]。在一个模型中，如果因变量是这类二分变量，样本不能满足正态分布的基本假设，无法应用普通回归方法来处理模型。逻辑回归，又叫"逻辑斯谛回归"，专门用以处理因

① 关于 MLR（Multinomial Logistic Regression）这一方法，国内有些学者将 MLR 译为"多项逻辑回归"，而本研究则将其译为多元逻辑回归，因其处理的因变量为多元分类变量之故。

变量为二分变量（Binary Variable）的回归模型。逻辑回归对数据的要求有两点。（1）因变量具有二分的特点，自变量可以是类别变量和等间隔测度变量（Interval）。如果自变量是类别变量应为二分变量或被重新编码为指示变量。（2）自变量数据最好呈现多元正态分布，且要注意自变量之间的共线性问题，它们会导致估计偏差[77]。

（二）多元逻辑回归

也有一些情况下，因变量不是二分的，而是超过两个以上类别的类别变量（Nominal Variable）。比如在本研究中，因变量是学生对留学专业的选择，变量值为：（1）科学；（2）医学；（3）工程；（4）经济管理；（5）社会科学；（6）人文与艺术；（7）其他。对于因变量的 K−1 个分类，每个分类一个回归方程，每个分类的因变量概率比值为 0—1。自变量是连续变量，可以用逻辑回归方法对因变量的概率比值建立回归模型。通常模型写作：

$$\text{Log}\left(\frac{P(\text{event})}{1 - P(\text{event})}\right) = B_0 + B_1 X_1 + B_2 X_2 + \cdots + B_p X_p$$

其中 B_0 为常数项，B_1 到 B_p 为 Logistic 模型的回归系数，是 Logistic 回归的估计参数。X_1 到 X_p 为自变量。模型的左侧称之为 Logit，是事件将要发生概率比的自然对数值。

如果因变量有 j 类可能性，第 i 类的模型为：

$$\text{Log}\left(\frac{P(\text{category}_j)}{P(\text{category}_k)}\right) = B_{i0} + B_{i1} X_1 + B_{i2} X_2 + \cdots + B_{ip} X_p$$

这样对于每一个 Logistic 模型都将获得一组系数。对于基准类别，其模型所有的系数为 0。

多元逻辑回归对数据的要求是：（1）因变量为类别变量，自变量可以是类别变量或连续变量；（2）协变量必须是连续变量[77]。

第四节 研究模型与变量

一、研究模型

本研究认为，海外留学是一种人力资本投资行为，而留学专业选择则是人力资本投资的一种方式。选择不同的留学专业，就是在不同专业教育领域中对知识和技能的投入。这样不仅可能给留学者带来不同的收益，也可能为他们提供不同的就业前景。因此本研究将建立回归模型，分析预期收益和预期就业前景等经济因素对学生留学专业选择的影响。

本研究的因变量是学生的留学专业选择，共有七个选择类别，分别是：科学类、医学类、工程类、经济管理类、社会科学类、人文与艺术类及其他类专业，因此该变量属于类别变量。自变量是影响学生留学专业选择的主要因素，包括预期收益率、预期就业前景、家庭经济背景；控制变量包括：性别、个人兴趣、学术能力、父母教育程度、家庭期望、家庭所在地区、信息来源等。

研究模型为多元逻辑回归。这种模型的特点是因变量为多元类别变量（超过两个以上的分类，而分类之间并没有高低次序之分）。在每个回归模型分析中，都需要指定因变量的其中一个分类为参照分类（reference category），因变量的其他分类都与此参照分类进行比较而得出分析结果。本研究中的因变量（留学专业选择）属于类别变量，共有七个取值，包括科学、医学、工程、经济管理、社会科学、人文与艺术及其他类专业在内的七个类别，其中经济管理类专业作为参照专业类别，其他类别均与该专业进行统计比较。自变量不仅包括留学预期收益率、预期就业前景等经济因素，还考虑因素间的交互作用（interaction effect）①。

本研究主要考虑六个因素之间的交互作用：（1）留学预期收益率＊预期海外就业前景；（2）留学预期收益率＊预期回国就业前景；（3）留学预期收益率＊家庭所在地区；（4）学术能力＊家庭收入。选取这四个

---

① 雅卡尔和图里西（Jaccard & Turrisi）认为交互作用或交互效应（interaction effect）的概念比较复杂，不同的学派给予的解释也不同。然而将交互作用概念化为一种调节关系（moderated raltionship）的学派的观点则比较普遍。在这种观点看来，存在一个含有三个变量的体系。在这个体系中，其中一个变量是因变量，第二个变量是自变量，第三个变量则是调节变量（moderator variable）。交互作用是指，自变量对因变量的影响受到第三个变量的调节作用（或者说因变量与自变量之间的关系有赖于第三个变量的影响）。而在这自变量和调节变量中，需要依据理论确定一个核心变量（focal variable）作为自变量，而另一个就是调节变量。本研究也依据这个理论学派来定义交互作用，并用调节关系来解释交互作用的分析结果。参见 Jaccard J, Turrisi R. Interaction Effects in Multiple Regression（second edition）［M］. SAGE publications. 2003：3 – 4.

交互作用的主要理由如下。

1. 理论上的考虑。人力资本理论认为教育成就影响了职业成就，而两者均影响其收入水平。在同一教育水平上，不同专业知识的教育也可能会影响受教育者未来的职业，而不同职业在劳动力市场上就业率和收益率是存在差异的，从而影响其未来的收入水平。因此受教育者可能会通过估计未来职业、就业和收入，来判断和选择教育的专业。然而实际上预期收益率和预期就业前景两个因素之间是否存在交互作用？或者说预期收益率对专业选择的影响会不会受预期就业前景的调节？本文试图通过"留学预期收益率＊预期海外就业前景""留学预期收益率＊预期回国就业前景"这两个交互作用项，来验证理论的分析。

2. 实际国情的考虑。如果政府需要提供资助给留学生，那么应考虑到我国地区和收入差异给学生选择造成的影响。一方面，对于中国这个国土面积居世界第三的大国来说，地区差异是无法忽略的。不同地区的学生对留学收益率的预期可能也存在差异，进而可能影响到留学专业选择。因此使用"留学预期收益率＊家庭所在地区"这个交互项，来分析留学预期收益率与专业选择的关系是否受到地区差异因素的调节。另一方面，中国也是人口大国，学生家庭收入之间的差异也无法忽略。有研究表明学生的学术能力（学业成绩）① 可能会影响高等教育专业的选择，而家庭收入对学生的学术能力也存在一定影响，因此学生的学术能力对留学专业选择的影响是否受家庭收入的调节？本文试图用"学术能力＊家庭收入"这个交互作用，来分析家庭收入的差异对学术能力与留学专业选择之间关系的调节。

本研究设计了四个模型，遵循由简单到复杂的原则，逐步在模型中加入控制变量、自变量以及变量间的交互作用项（Interaction Items）。

模型（1）

在该模型中放入个人特征和家庭背景方面的因素：性别、学术能力、家庭收入水平、父母教育水平、家庭所在地区。试图看这些控制变量在高中生留学专业选择中的作用。模型表达式如下：

① 学业成绩在一定程度上反映了学生的能力，通常作为个人能力的代理变量（Index）。

$$\log\left(\frac{P(\text{Major}_j)}{P(\text{Major}_k)}\right) = B_{i0} + B_{i1}\text{MALE} + B_{i2}\text{ACDAB} + B_{i3}\text{FMINC} +$$

$$B_{i4}\text{EDUMN} + B_{i5}\text{FMLOC}$$

其中，j 为专业分类（j = 1，2，3，4，5，6，7；$j \neq k$；$1 \leqslant k \leqslant 7$；$k$ 为参照类别）P（Major_j）代表选择 j 专业的几率；P（Major_k）代表选择 k 专业的几率；MALE 代表性别；ACDAB 代表学术能力；FMINC 代表家庭收入水平；EDUMN 代表父母平均教育水平；FMLOC 代表家庭所在地区。B 代表系数，i 代表第 i 组对比专业。

模型（2）

在模型（1）的基础上，加入一些经济因素作为自变量构成模型（2），这些自变量包括：海外留学预期收益率、预期海外就业前景、预期回国就业前景和信息来源的重要性（包括四种来源：学校信息、媒体信息、中介机构信息以及网络信息）。希望在控制了个人特征和家庭背景等控制因素后，分析经济因素对留学专业选择的影响。模型表达式如下：

$$\log\left(\frac{P(\text{Major}_j)}{P(\text{Major}_k)}\right) = B_{i0} + B_{i1}\text{MALE} + B_{i2}\text{ACDAB} + B_{i3}\text{FMINC} +$$

$$B_{i4}\text{EDUMN} + B_{i5}\text{FMLOC} +$$

$$B_{i6a}\text{ROROVHE} + B_{i7}\text{EMPOVS} + B_{i8}\text{EMPDOM} +$$

$$B_{i9}\text{INFSCH} + B_{i10}\text{INFMED} +$$

$$B_{i11}\text{INFAGT} + B_{i12}\text{INFNET}$$

其中，ROROVHE 代表海外留学的预期收益率，EMPOVS 代表学生的预期海外就业前景（预期留学毕业后对海外就业的看好程度），EMPDOM 代表学生的预期回国就业前景（预期留学毕业后对回国就业的看好程度），INFSCH 代表学校信息来源的重要性程度，INFMED 代表媒体信息来源的重要性程度，INFAGT 代表中介机构信息来源的重要性程度，INFNET 代表互联网信息来源的重要性程度。

模型（3）

模型（3）把模型（2）中的海外留学预期收益率这个因素换成了海内外高教预期收益率之差。试图分析在考虑海外留学预期收益率的基础上，进一步考虑学生对在国内和国外接受高教的预期收益率存在差异的情况下，给留学专业选择带来的影响。模型表达式如下：

$$\log\left(\frac{P(\text{Major}_j)}{P(\text{Major}_k)}\right) = B_{i0} + B_{i1}\,\text{MALE} + B_{i2}\,\text{ACDAB} + B_{i3}\,\text{FMINC} +$$
$$B_{i4}\,\text{EDUMN} + B_{i5}\,\text{FMLOC} +$$
$$B_{i6b}\,\text{RORGAP} + B_{i7}\,\text{EMPOVS} + B_{i8}\,\text{EMPDOM} +$$
$$B_{i9}\,\text{INFSCH} + B_{i10}\,\text{INFMED} +$$
$$B_{i11}\,\text{INFAGT} + B_{i12}\,\text{INFNET}$$

其中，RORGAP 代表学生预期海内外高教收益率之差。其他变量与模型（2）基本相同。

模型（4）

该模型是在模型（2）的基础上加入了交互作用项："海外留学预期收益率 * 预期海外就业前景" 交互作用项、"海外留学预期收益率 * 预期回国就业前景" 交互作用项、"海外留学预期收益率 * 家庭所在地区" 交互作用项以及 "学术能力 * 家庭收入" 交互作用项。模型表达式如下：

$$\log\left(\frac{P(\text{Major}_j)}{P(\text{Major}_k)}\right) = B_{i0} + B_{i1}\,\text{MALE} + B_{i2}\,\text{ACDAB} + B_{i3}\,\text{FMINC} +$$
$$B_{i4}\,\text{EDUMN} + B_{i5}\,\text{FMLOC} + B_{i6a}\,\text{ROROVHE} +$$
$$B_{i7}\,\text{EMPOVS} + B_{i8}\,\text{EMPDOM} + B_{i9}\,\text{INFSCH} +$$
$$B_{i10}\,\text{INFMED} + B_{i11}\,\text{INFAGT} + B_{i12}\,\text{INFNET} +$$
$$B_{i13}\,\text{ROROVHE} * \text{EMPOVS} +$$
$$B_{i14}\,\text{ROROVHE} * \text{EMPDOM} +$$
$$B_{i15}\,\text{ROROVHE} * \text{FMLOC} +$$
$$B_{i16}\,\text{ACDAB} * \text{FMINC}$$

其中，ROROVHE * EMPOVS 代表学生海外留学预期收益率与预期海外就业前景的交互作用，ROROVHE * EMPDOM 代表学生海外留学预期收益率与预期回国就业前景的交互作用，ROROVHE * FMLOC 代表学生海外留学预期收益率与家庭所在地区的交互作用，ACDAB * FMINC 代表学生学术能力与家庭收入水平的交互作用。

二、变量

虽然本研究中不同模型的因变量有所不同，但它们的自变量却基本相同。下面分别描述所有的自变量。

（一）性别

本研究中，男性赋值为 1，女性赋值为 0。在问卷中的题目为：

性别　1　男　2　女　　　　　　　　　　（问卷第 1 题）

（二）学术能力

本研究中的个人学术能力变量的代理变量是学生对自己学习成绩在本校同年级学生的排名认识（参见问卷第 8 题）。问卷中的学生排名分为四类：优等、中上等、中等和中下等。为了便于在多元逻辑回归中分析，本文将排名分为高、中、低三个组别。高等排名对应于问卷中的优等（年级排名前 10%）；中等排名对应于问卷中的中上等和中等（11%—50%）；低等排名对应于问卷中的中下等（50% 以后）。

你目前的成绩在本校同年级中属于：

1　优等（年级排名前 10%）　　　　2　中上等（年级排名前 11%—30%）
3　中等（年级排名 31%—50%）　　4　中下等（年级排名 50% 之后）

（三）家庭收入

在本研究中家庭收入因素的代理变量是学生对自己家庭收入在当地层次的估计（参见问卷第 16 题）。问卷中的分类是分为五等级，分别是：富有、中上、中等、中下和贫穷。同样为了分析的方便，本文在模型中的分类分为三组：高、中、低。家庭收入高等组对应于问卷中的富有和中上，中等组对应于问卷中的中等，低等组对应于问卷中的中下和贫穷。

你认为你的家庭收入在当地属于：

1　富有　2　中上　3　中等　4　中下　5　贫穷

（四）父母教育水平

在本研究中，父母教育水平因素的代理变量是父亲和母亲的受教育年限之平均值。问卷中的父母受教育水平的等级分别为：文盲、小学、初中、高中（包括中专）、大专、大学本科及以上（国内大学）、大学本科及以上（海外大学）。为了分析的方便，本文将其转化为连续变量，即赋予不同的教育程度以不同的受教育年限。具体赋值为：文盲赋予 0 年，小学为 6 年，初中为 9 年，高中为 12 年，大专为 15 年，大学本科及以上为 16 年。考虑到学生在家庭中受到父母双方教育程度的综合影响，且父母的平均受教育年限的均值差异不到 1 年（0.851）。本文将父母的受教育程度进行算术平均，即用父亲的受教育年限加上母亲的受教育年限再除以 2，得到父母的平均受教育年限。

（问卷第 12 题）

你父母的年龄和受教育程度分别是：

父亲　　　　　　　　　　　　　母亲

年龄：　岁　　　　　　　　　　年龄：　岁

受教育程度：　　　　　　　　　受教育程度：

1　文盲　　　　　　　　　　　 1　文盲

2　小学　　　　　　　　　　　 2　小学

3　初中　　　　　　　　　　　 3　初中

4　高中（包括中专）　　　　　 4　高中（包括中专）

5　大专　　　　　　　　　　　 5　大专

6　大学本科及以上（国内大学）6　大学本科及以上（国内大学）

7　大学本科及以上（海外大学）7　大学本科及以上（海外大学）

（五）地区

本研究所用问卷中的被调查学生分布在 7 个城市，分别是北京、上海、南京、深圳、武汉、西安和贵阳。为了分析的便利，本文用学生所在地区来表示，即按照 7 个城市分布在中国的经济发展不同阶段，分为东部、中部和西部三个区域。其中东部地区是经济最发达地区，包括北京、上海、南京和深圳；中部地区是中等发达地区，只包括武汉；西部地区是较不发达地区，包括贵阳和西安。

（六）海外留学预期收益率

教育收益率的估算方法主要有三种：精确法或传统法（Elaborate Method）、收入函数法（Earnings Function Method）和简约法（Short-Cut Method）。

1. 精确法

这种方法对内部收益率的定义是，在某个时间点上，不同时间点上的教育收益折现值之和与不同时间点上的教育成本折现值之和相等时的折现率（discount rate）[①]。根据这个原理，教育内部收益率的计算公式应为：

$$\sum_{t=0}^{n} \frac{B_t}{(1+r)^t} = \sum_{t=0}^{n} \frac{C_t}{(1+r)^t}$$

其中，B 代表某个教育水平的教育收益，C 代表某个教育水平的教育成本，r 代表教育内部收益率，t 代表某个时间点（以年数为单位）。

教育收益是指由于接受教育而获得的额外收益。通常使用相邻两级教育水平劳动力的年平均工资之差来估算，比如：高等教育收益等于高等教育水平劳动力的年平均工资减去中等教育水平劳动力的年平均工资。教育成本包括教育直接成本和教育机会成本。直接成本是指接受教育所付出的学费、书本费、交通费和生活费等。机会成本（或放弃的收入）是由于接受教育而放弃的工作收入[80]。这种方法对数据的要求较高，需要不同教育层次的年龄—收入剖面图（age-earnings profiles），这类数据通常在大多数国家难以获取[81][62]。

2. 收入函数法

明瑟（Mincer）证明教育的收益率就是当给定受教育年限的变化所带来的收入的相对变化。其函数表达式为：

[①] 贝克尔（Becker）认为如果一项投资活动 Y 只需要在初期进行投资，而另一项活动 X 则不需要任何初期投资，那么选择投资 Y 活动而不是 X 活动的成本 C 就是它们在投资初期的净收益差（$Y_0 - X_0$）。这意味着投资 Y 活动的成本不仅包括了 Y 的初期成本，而且还包括放弃了 X 活动的收益。而总收益应包括两项活动后期投资的净收益差现值 $\sum_{1}^{n} \frac{Y_j - X_j}{(1+r)^j}$。那么投资 Y 活动的收益 d 应该是 $d = \sum_{1}^{n} \frac{Y_j - X_j}{(1+r)^j} - C$。那么投资 Y 活动的内部收益率就是当收益现值和成本相等时的折现率 r，即 $C = \sum_{1}^{n} \frac{k_j}{(1+r)^j}$，因为 $C = X_o - Y_o$，$K_j = X_j - Y_j$，$j = 1$，2，3，…n，所以 $\sum_{j=0}^{n} \frac{Y_j}{(1+r)^{j+1}} - \sum_{o}^{n} \frac{X_j}{(1+r)^{j+1}} = d = 0$，即内部收益率也是净收益的现值等于零时的折现率。可以表示为 $\sum_{i=1}^{n} \frac{Y_i}{(1+r)^i} = 0$. 参见 Psacharopoulos, G.. Returns to Education：An International Comparison. Amsterdam：Elsevier. 1973。

$$\ln Y_t = a + b \cdot S_t + c \cdot EX_t + d \cdot EX_t^2$$

其中，S 代表个人 (i) 的受教育年限。EX 代表个人劳动力市场工作经验，即工作年限。回归系数 b 就是受教育年限每增加 1 年的平均个人收益率 r，即 $b = r$。因此教育收益率表达式为：

$$b = \frac{\partial \ln Y}{\partial S} = r = \frac{Ln Y_s - Ln Y_o}{\Delta S}$$

其中，Y_s 和 Y_o 分别代表接受 S 年教育和接受 O 年教育。通常劳动力市场经验等于个人年龄减去受教育年限再减去开始受教育的年龄。例如一个人现在为 30 岁，他受高等教育的年限为 4 年，他开始接受高等教育的年龄为 18 岁，那么他的工作经验为 8 年。[82]

这种方法的主要问题是：第一，不能将教育成本放入收入方程来估计社会收益率；第二，在计算各级教育收益率时，会低估初等教育的收益率 [因为这一方法默认把初等教育作为放弃的收益（机会成本），但这一假设在大多数国家都不现实]。

3. 简约法

萨卡罗普洛斯（Psacharopoulos）根据明瑟教育收益率 $r = \frac{Ln Y_k - Ln Y_{k-\Delta s}}{\Delta S}$ （其中，Y 代表收益，k 代表第 k 级教育水平，$k - \Delta s$ 代表控制级别教育水平，Δs 代表第 k 级与控制级别教育水平的教育年限差）通过数学近似方法($\ln(1 + x) \simeq x$)推导出教育相对收益率，其公式为：$r_k = \frac{\bar{Y}_k - \bar{Y}_{k-\Delta s}}{S \cdot (\bar{Y}_{k-\Delta s})}$，其中 $\bar{Y}$ 代表某一级教育水平的劳动力平均收入[83]。

Psacharopoulos 假设存在 "水平且无限的年龄收入剖面图"（horizontal and infinite age-earnings profiles）。其中 "水平" 是指假设年龄收入剖面图中收入水平在一个平均工资的水平上，不随着年龄变化而变化①；"无限" 是指假设收入剖面图中收入无限延伸，即年龄趋于无穷大。

若将此假设应用于高等教育，则高等教育的收益率公式应为：

$$r = \frac{(Y_h - Y_s)}{4(Y_s + C_h)}$$

---

① Psacharopoulos 认为该假设的合理性在于长期收益折现后（>40 年）不会明显改变收益率。

其中，Y_h 和 Y_s 代表高等教育和中等教育的毕业生的年平均收入，C_h 代表高等教育的直接年平均成本，N 表示接受高等教育的年限（一般为 4 年）。这种方法的合理性在于，在长期中的折现收入（在教育中最长 10 年），当折现后并不占很大比重，因此可以用这一简约方法。虽然该方法计算起来方便，但是相对于精确的计算方法，会导致高等教育收益率的高估①。

由于精确法和明瑟法教育收益率的估算对数据质量要求比较高，因此在本研究中，预期教育收益率是根据 Psacharopoulos 的简约法（Short-cut Method）来估算。由于本研究中使用的预期收益率，因此高等教育的收益和成本均用学生的预期值作为代理，而高中教育的收益由于问卷中没有涉及，则使用国内具有高中学历的劳动力年平均工资作为代理。具体计算公式如下：

$$RoR_{OH} = \frac{Y_{OH} - Y_{DS}}{N(IC_{OH} + C_{OH})}$$

其中，RoR_{OH} 代表海外留学高教预期收益率，Y_{OH} 代表海外高教本科学历的平均年收入（用学生选择留学海外高教毕业后第一年的预期年工资收入作为代理变量），Y_{DS} 代表国内高中毕业生的年平均工资收入，C_{OH} 代表海外高等教育的预期年直接成本，IC_{OH} 代表海外留学的年非直接成本（用国内城市中拥有高中学历的劳动力人口的平均年工资作为代理变量）。N 代表留学高等教育的受教育年限（本研究设定为 4 年）。

问卷中调查了学生对在海外接受高等教育的预期成本和收益。

海外留学高教预期直接成本的测量，使用了问卷第 30 题中的数据。学生估计的在海外升学高教本科期间的平均年学杂费与其他基本生活开支的总和。其中平均年学杂费等于学生估计学杂费的最大值和最小值的算数平均数。

（问卷第 30 题）

若在海外升学高教本科，你

甲、估计在学期间，

---

① Psacharopoulos 通过敏感性测试，结果显示该假设使得教育收益率被高估了。

i. 学杂费（包括学费、注册费、学生会费、书本费、文具等）每年最多约为＿＿＿＿＿＿＿＿元，每年最少约为＿＿＿＿＿＿＿＿元。

ii. 其他基本生活开支（包括住宿、交通、食用、穿衣等起码支出）每年约为＿＿＿＿＿＿＿＿元。

乙、期望在本科毕业之后，

i. 第一年的就业收入约为每年＿＿＿＿＿＿＿＿元。

ii. 三年后的就业收入约为每年＿＿＿＿＿＿＿＿元。

iii. 十年后的就业收入约为每年＿＿＿＿＿＿＿＿元。

关于高中学历劳动力的年平均工资，国家统计局数据库并没有提供相关数据，因此本研究将使用国内一些研究机构的调查数据。

通过文献搜索和整理，发现可信的数据并不多。其中包括北京大学教育经济研究所电子期刊中使用的中国2004年城市调查数据，中国社会科学院人口与劳动经济研究所2001年和2005年的劳动力调查数据以及中华英才网的人才研究中心2008年的调查数据（见表3.1、表3.2和表3.3）。虽然以上数据的可靠性相对较高，但是还不完全符合本研究的需要，因此要在此基础上进一步计算才能得到。

首先，通过网络检索，发现中华英才网的人才研究中心于2006年和2007年分别对中国的大学毕业生薪酬进行网络调查统计，得到了两个年度的数据（见表3.1）。然而在该调查中的学历分类主要是博士、硕士、本科、专科以及高中以下。因此该数据反映的实际上是我国高中以下学历的毕业生的年均工资，而不是高中生的年均工资。

表3.1 大专以下教育程度的毕业生平均年薪

	年平均工资	样本量
2006年下半年	18,653 元/年/人	220,000
2007年下半年	14,202 元/年/人	322,000

资料来源：根据中华英才网发布的《毕业生薪酬报告》整理而成。
http://content. chinahr. com/Article（51857）ArticleInfo. view? jtr = 6631880&jtrr = 251215619

然后通过文献检索，找到中国社会科学院于2001年和2005年做的中国劳动力调查及数据[84]（见表 3.2）。但其数据报告的是 2001 年和 2005 年高中或中专学历人口的平均小时工资，因此必须进行处理和计算才能得到本研究需要的数据。由于该数据报告的 2005 年的小时工资是按照 2001 年的价格指数计算的，所以要把 2005 年的数据按照当年的价格指数重新调整计算。

表 3.2　城市劳动力高中或中专学历人口的平均小时工资

	平均小时工资（元）
2001	4.99
2005	5.97①

具体步骤如下：

第一步，用 2005 年的平均小时工资 5.97（以 2001 年价格指数计算）乘以 2002、2003、2004 和 2005 年的城市居民消费价格指数，得到 2005 年平均小时工资 6.2588（以 2005 年的价格指数计算）（5.97 * 0.99 * 1.009 * 1.033 * 1.016 = 6.2588）。

第二步，用 2005 年平均小时工资 6.2588 再乘以我国 2006 年的工资指数②，得到 2006 年的平均小时工资 7.1601（6.2588 * 1.144 = 7.1601）。

第三步，用 2006 年的平均小时工资再乘以 2006 年的工作日天数（257 天，根据国内日历表扣除公共假期）和 8 小时（假设每天工作 8 小时），得到 2006 年的高中或中专学历的城市劳动力的年平均工资 14,721.1 元（7.1601 * 257 * 8 = 14,721.1）。

最后，通过进一步文献检索找到北京大学教育经济研究所电子期刊中引用的 2004 年国家城市住户调查数据中的高中学历的劳动力年收入

---

① 数据来源于中国社会科学院人口与劳动经济研究所于 2001 年和 2005 年所作的两次劳动力调查数据。其中用城市居民消费价格指数，把 2005 年的工资换算为按 2001 年的价格计算的水平。

② 城市居民消费价格指数和工资指数来源于国家统计局网站 http://www.stats.gov.cn/tjsj/ndsj/2007/indexch.htm。

情况（见表3.3），但还需再进行处理才符合研究的要求。

表3.3　2004年高中学历的城市劳动力年收入

	高中学历年收入（元/年）	人数（人）
男性	14,524.0	3,894
女性	10,688.3	3,361

数据来源：北京大学教育经济研究所电子季刊2006年9月，4（3）。

根据表3.3中数据，计算得出2004年全国高中学历的城市劳动力年平均工资。具体计算如下：

$$\text{年平均工资}\ (2004\ 年) = \frac{\text{男性年平均工资} * \text{男性人数} + \text{女性年平均工资} * \text{女性人数}}{\text{男性人数} + \text{女性人数}}$$

$$= 12,747.05(元)$$

再根据2004年人均年平均工资（12,747.05），乘以2005年和2006年工资指数[1]得出2006年的人均年平均工资（16,711.68）。

$$\text{年平均工资}(2006) = \text{年平均工资}(2004) * \text{工资指数}(2005) *$$
$$\text{工资指数}(2006) = 12,747.05 * 1.146 * 1.144$$
$$= 16,711.68(元)$$

通过以上三个较为科学的数据来源的计算和比较，认为中华英才网研究中心的数据量虽然很大，但是由于数据是通过网络调查所得，可信度不是很高，且高中以下学历包括的范围太大，只能作为参考。社会科学院的调查数据调查方法虽然科学，但是其数据中包括了中专学历人口的平均工资，这样也可能造成偏差，而且其计算步骤较多，造成估计误差的可能性比较大，也只能作为参考。相比而言，北京大学教育经济研究所使用的2004年的国家城市住户调查数据显得更为科学和精确，而且要得到2006年平均工资需要计算的步骤最少。

因此本研究使用最后这一数据（16,711.68元/年）作为学生高中毕业后直接参加工作第一年的工资收入的代理变量。

尽管如此，此方法还是存在一定限制。使用学生预期留学毕业后第一

---

[1]　工资指数来源于国家统计局网站http：//www.stats.gov.cn/tjsj/ndsj/2007/indexch.htm.

年的工资收入作为平均工资的代理变量，降低了预期留学毕业后的平均收益，因此可能会低估留学预期收益率。

（七）预期就业前景①

本研究中的预期就业前景有两个变量，其中一个是预期海外就业前景，另一个是预期回国就业前景。这两个变量是通过对海外留学的吸引力因素所作因素分析后得出的。问卷中设计了 20 道题目调查学生对海外留学吸引力因素的认同程度，从非常不同意到非常同意 6 个等级。

（问卷第 25 题）

若往海外升读高等教育的话，你认为其吸引力会是：

	非常 不同意 1	不同意 2	有点 不同意 3	有点 同意 4	同意 5	非常 同意 6
（1）拓阔个人视野	☐	☐	☐	☐	☐	☐
（2）接触多元文化	☐	☐	☐	☐	☐	☐
（3）体验海外生活	☐	☐	☐	☐	☐	☐
（4）结识当地朋友	☐	☐	☐	☐	☐	☐
（5）升学机会更多	☐	☐	☐	☐	☐	☐
（6）专业选择更多	☐	☐	☐	☐	☐	☐
（7）轻松学习气氛	☐	☐	☐	☐	☐	☐
（8）灵活多样的教学方式	☐	☐	☐	☐	☐	☐
（9）院校设施（如教室、宿舍、实验室等）充裕	☐	☐	☐	☐	☐	☐

---

① 在本研究中预期就业前景因素与预期留学收益率因素作为两个独立的因素放入模型，主要原因在于：在实际劳动力市场中的教育收益率的计算需要考虑就业率因素，而本研究中，预期留学收益率的计算并未考虑预期就业因素，因此在模型中放入预期就业前景，与预期收益率因素分别考虑和分析。

续表

	非常不同意 1	不同意 2	有点不同意 3	有点同意 4	同意 5	非常同意 6
（10）教学资源（如图书馆、网络等）丰富	□	□	□	□	□	□
（11）更多先进科技的产生	□	□	□	□	□	□
（12）更多先进科技的应用	□	□	□	□	□	□
（13）接触最新知识	□	□	□	□	□	□
（14）有机会留在当地工作	□	□	□	□	□	□
（15）当地工作机会更多	□	□	□	□	□	□
（16）当地工作环境更好	□	□	□	□	□	□
（17）当地工资收入更高	□	□	□	□	□	□
（18）有机会在当地居留	□	□	□	□	□	□
（19）学成回国对国家作贡献	□	□	□	□	□	□
（20）学成回国有更好的就业前景	□	□	□	□	□	□

通过对留学吸引力的 20 道题目进行主成分因素分析，得到四个标准化的因素：海外留学教与学、海外就业前景、消费偏好和回国就业前景。这些因素累计可以解释方差的 71.6%（见表 3.4 和表 3.5）。这四个因素是连续变量，并作为海外留学专业选择的影响因素进入模型。其中，海外留学教与学因素不在本研究分析框架之内，而且对留学专业选择的影响并不显著，因此在模型中就剔除了该因素。

表3.4　主成分因素分析法所得因素

成分	Initial Eigenvalues			载荷平方的抽取总计 Extraction Sums of Squared Loadings			载荷平方的旋转总计 Rotation Sums of Squared Loadings		
	总计	占方差%	累计占方差%	总计	占方差%	累计占方差%	总计	占方差%	累计占方差%
1	9.855	49.277	49.277	9.855	49.277	49.277	4.900	24.499	24.499
2	2.409	12.045	61.322	2.409	12.045	61.322	4.316	21.581	46.080
3	1.045	5.226	66.548	1.045	5.226	66.548	3.287	16.436	62.516
4	1.009	5.043	71.592	1.009	5.043	71.592	1.815	9.075	71.592
5	0.950	4.751	76.342						
6	0.676	3.382	79.724						
7	0.499	2.493	82.217						
8	0.485	2.426	84.643						
9	0.414	2.068	86.712						
10	0.388	1.938	88.649						
11	0.345	1.726	90.375						
12	0.303	1.513	91.889						
13	0.285	1.426	93.315						
14	0.258	1.290	94.605						
15	0.248	1.238	95.843						
16	0.223	1.116	96.959						
17	0.209	1.047	98.006						
18	0.168	0.838	98.844						
19	0.123	0.616	99.460						
20	0.108	0.540	100.000						

成分抽取方法：主成分分析法

其中，预期海外就业前景因素包括：有机会留在当地工作、当地工作机会更多、当地工作环境更好、当地工资收入更高、有机会在当地居留等五个子问题；预期回国就业前景由学成回国对国家作贡献和学成回国有更好的就业前景两个子问题组成；消费偏好因素由拓宽个人视野、接触多元文化、体验海外生活、结识当地朋友四个子问题组成（见表3.5）。

表3.5　因素分析所得各因素的载荷矩阵

海外留学吸引力	因　　素			
	1	2	3	4
	海外教与学	海外就业前景	消费偏好	回国就业前景
（10）教学资源丰富	0.776			
（11）更多先进科技的产生	0.764			
（12）更多先进科技的应用	0.740			
（13）接触最新知识	0.739			
（5）升学机会更多	0.690			
（6）专业选择更多	0.641			
（7）轻松学习气氛	0.601			
（8）灵活多样的教学方式	0.569			
（9）院校设施充裕	0.504			
（14）有机会留在当地工作		0.868		
（15）当地工作机会更多		0.849		
（16）当地工作环境更好		0.834		
（17）当地工资收入更高		0.830		
（18）有机会在当地居留		0.795		
（1）拓宽个人视野			0.826	
（2）接触多元文化			0.817	
（3）体验海外生活			0.798	
（4）结识当地朋友			0.686	
（19）学成回国对国家作贡献				0.809
（20）学成回国有更好的就业前景				0.720

成分抽取方法：主成分分析法；旋转方法：正交旋转法（Varimax）

（八）预期海内外就读高教的收益率差

如果假设学生在进行专业选择时，只考虑海外留学高等教育的收益率，而不考虑国内高等教育的收益率，似乎是不合理的。因为对学生来说，可能既考虑留学高等教育收益率又考虑国内高等教育收益率。因此本研究在模型中加入新的变量：海内外高教预期收益率之差。该变量等于海外留学高等教育预期收益率减去国内高教预期收益率。

$$ROR_{GAP} = R_{OH} - R_{DH}$$

其中，ROR_{GAP} 表示海内外高教预期收益率之差（即预期海外留学高等教育收益率比预期国内高等教育收益率的"多出"的差距），R_{OH} 表示海外留学高等教育预期收益率，R_{DH} 表示国内高等教育的预期收益率。在上一节中本研究计算了海外留学高等教育收益率，这里就不再赘述。国内高等教育收益率的计算依然采用简约法，具体计算公式如下：

$$R_{OH} = \frac{Y_{OH} - Y_{DS}}{N_{OH}(IC_{OH} + C_{OH})}, R_{DH} = \frac{Y_{DH} - Y_{DS}}{N_{DH}(IC_{DH} + C_{DH})}$$

最终得到的计算公式为：

$$ROR_{GAP} = \frac{Y_{OH} - Y_{DS}}{N_{OH}(IC_{OH} + C_{OH})} - \frac{Y_{DH} - Y_{DS}}{N_{DH}(IC_{DH} + C_{DH})}$$

其中，Y_{DH} 代表国内拥有高教本科学历的劳动力人口的年平均工资（用学生选择国内高教本科毕业后第一年的预期工资收入作为代理变量），Y_{DS} 代表国内拥有高中学历劳动力人口的年平均工资，C_{DH} 代表国内高等教育的年直接成本（用学生预期国内高等教育的学杂费和生活费之和作为代理变量）。问卷调查了学生预期在国内接受高等教育的成本和收益，N_{OH} 和 N_{DH} 代表海外高教和国内高教的教育年限（一般是 4 年）。

（问卷第 29 题）

若在国内升学高教本科，你

甲、估计在学期间，

i. 学杂费（包括学费、注册费、学生会费、书本费、文具等）每年最多约为_____元，每年最少约为_____元。

ii. 其他基本生活开支（包括住宿、交通、食用、穿衣等起码支出）每年约为_____元。

乙、期望在本科毕业之后，

i. 第一年的就业收入约为每年＿＿＿＿＿＿＿＿元。

ii. 三年后的就业收入约为每年＿＿＿＿＿＿＿＿元。

iii. 十年后的就业收入约为每年＿＿＿＿＿＿＿＿元。

国内高等教育的预期成本等于学生估计在国内就读高等教育期间的教育成本，包括预期学杂费[①]和预期生活费。国内高等教育的预期收益等于学生估计在国内就读高等教育毕业后第一年的年工资收入。

（九）信息来源

本研究问卷调查了11个信息来源，但是根据模型的实际运行，发现只有学校升学介绍、广播/电视/报纸、留学中介公司和互联网四个信息来源对留学专业选择有显著影响。为了模型的简洁和避免对其他变量的作用造成太大影响，本研究只在模型中放入了学校信息、媒体信息、中介机构信息和网络信息这四个信息因素，以分析学生认为该信息来源的重要程度是如何影响其留学专业选择的。

（问卷第46题）

你对海外升学的信息，主要来自：

	非常不重要 1	不重要 2	有点不重要 3	有点重要 4	重要 5	非常重要 6
（1）家人和亲戚	□	□	□	□	□	□
（2）朋友和同学	□	□	□	□	□	□
（3）中学老师	□	□	□	□	□	□
（4）学校升学介绍	□	□	□	□	□	□
（5）广播/电视/报纸	□	□	□	□	□	□

---

① 预期学杂费：在问卷中学生预期年学杂费有最高值和最低值之分，本研究使用两者的算术平均值。

续表

	非常不重要 1	不重要 2	有点不重要 3	有点重要 4	重要 5	非常重要 6
（6）留学中介公司	☐	☐	☐	☐	☐	☐
（7）互联网	☐	☐	☐	☐	☐	☐
（8）教育行政部门	☐	☐	☐	☐	☐	☐
（9）海外高校的招生宣传	☐	☐	☐	☐	☐	☐
（10）海外亲友	☐	☐	☐	☐	☐	☐
（11）教育展览会	☐	☐	☐	☐	☐	☐

第五节　研究样本和数据

一、研究数据

本研究所用数据来自香港中文大学教育学院孔繁盛教授主持、香港研究资助局（RGC，Research Grant Committee）资助的大型研究项目《寻求升读海外高等教育：内地学生的选择和理由》①。

二、抽样方法

研究项目的样本抽取采用分层抽样方法。首先抽取全国七个具有代表性的城市：北京、上海、深圳、武汉、南京、贵阳、西安。然后分别从每个城市抽取 15 所学校，其中 6 所公办、重点和普通高中，6 所公办非重点高中（包括 5 所普通高中和 1 所职业高中或中专），3 所具有一定规模的民办高中。最后，再从每个学校抽取三个高三毕业班（应届高考班），每个班级约为 40 人，即每个学校平均 120 人。这样每个城市可以抽取样本量为 1,800，预计总样本量为 7 * 1,800 = 12,600。

---

① 感谢香港研究资助局和孔繁盛教授允许本研究使用此项目的部分数据。

　　为了保证研究的效度和信度，研究对抽样学校和班级都做了具体要求。（1）对抽样学校的要求是，每个城市的 15 所学校必须位于该市中等或中上区（县），而且必须包括，6 所公办重点普通高中、5 所公办非重点普通高中、1 所非重点职业高中或中专、3 所民办普通高中（要求已达到一定的规模，每个年级至少要有三个班，每个班至少有 40 人）。（2）对抽样班级的要求是，每所普通学校中至少有一个文科班和一个理科班。

三、问卷调查的结构和内容

　　该项目采用问卷调查的形式，作者参与了问卷的设计和预调查（Pilot Study）。其中一个预调查（pilot study）于 2006 年 12 月 23—29 日在上海的几所学校进行，对几个班级的学生填写了初步设计的问卷，然后征求他们的修改意见，回到香港后对文件进行了修订。问卷正式调查的时间是 2007 年 3 月至 4 月份。最后回收全国七个城市的有效问卷 12,961 份。

　　正式调查的问卷总共有 48 道问题，主要有以下几个方面：（1）学生的个人特征，包括性别、出生年月、所在学校的性质、所在班级的类型、个人成绩在本校同年级的位置、父母的教育程度以及职业和收入等；（2）学生认为升读高等教育的价值，以及在国内升读高教的吸引力和问题；（3）学生认为升读海外高等教育的吸引力和困难；（4）学生预期在国内升读高教本科的成本和毕业后的收入；（5）学生预期在国外升读高教本科的成本和毕业后的收入；（6）希望升读海外高等教育的学习方向（包括首选专业）；（7）希望升读海外高教的国家和地区（包括首选国家和地区）、吸引力及其信息的重要性；（8）当被国内不同层次的大学录取，是否还会选择升读海外大学；（9）如果升读海外大学，毕业后是否回国，在何种情况下会选择回国以及何时回国；（10）海外升学信息的来源；（11）是否与父母讨论升学以及海外留学的问题。

四、样本特征

　　以下三个表格 3.6、3.7、3.8 分别列举了来自有效问卷的样本（N = 12,961）的基本特征：

　　（一）个人特征

　　抽样的学生中，男女比例基本平衡。男生占有效样本的比例为 47%，略低于女生比例53%。从民族看，汉族学生占据了样本的绝大多数，占95.8%。从学生就读的学校类型看，公办高中的学生占了83.8%，然而民办高中的学生数量也不少，占16.2%。从学生的就读类型看，应届生占有效样本的96.1%，而复读生只占3.9%。从学生的学业成绩上看，基本呈现了"两头小，中间大"的特点，学生认为自己在本校同年级中属于中上等和中等比例之和为64.8%，而认为自己属于优等和中下等的学生分别占14.6%和20.7%。从学生就读的科目看，大部分学生就读于文科班和理科班，文、理科之和占有效样本的89.6%，其中文科班学生占有效样本的39.2%，比理科班学生所占比例50.4%低11.2个百分点。而普通班、实验班、体艺班、商科班以及其他班级之和才占了10.4%，其中商科班的最少，占0.4%（见表3.6）。

表3.6　抽样学生的个人特征

类　别	频　数	占样本总量的百分比（%）
性别	N = 12,904	
男	6,059	47.0
女	6,845	53.0
种族	N = 12,853	
汉族	12,314	95.8
少数民族	539	4.2
就读学校	N = 12,961	
公办重点高中	5,990	46.2
公办普通高中（非重点）	3,915	30.2
公办职高	961	7.4
民办普通高中	2,095	16.2
是否复读	N = 12,713	
应届生	12,213	96.1
复读生	500	3.9
就读科目	N = 12,844	
文科班	5,029	39.2

续表

类　别	频　数	占样本总量的百分比（%）
理科班	6,472	50.4
普通班（不分文理）	327	2.5
实验班（试点班）	329	2.6
体艺班	132	1.0
商科	48	0.4
其他职业班	507	3.9
学业成绩（自我估计）	N = 12,623	
优等	1,844	14.6
中上等	3,834	30.4
中等	4,338	34.4
中下等	2,607	20.7

注：由于样本数据中存在缺失值（Missing Value），各类别样本数据总量可能会略小于样本总量（12,961）。各类别内的各组别百分比计算以各类的有效样本量为基数，因此组别所占百分比之和仍为100%。

（二）家庭特征

从学生父母教育背景来看，父亲的教育程度大多集中在高中（包括中专）、大学及以上（包括大专）和初中，分别为37.5%、36%、20.9%；母亲的教育程度同样也集中在高中（包括中专）、大学及以上（包括大专）和初中，分别为38.6%、27.1%、23.9%。从学生家庭收入看，大部分学生认为自己的家庭收入在当地属于中等（占62.6%），而中上等和中下等分别占16.6%和13.4%。从学生家庭成员人数来看，大部分属于独生子女家庭（占55.3%），而四人和五人家庭也分别占到了26.2%和10.5%。从学生家庭的海外关系来看，虽然大部分都没有亲戚和朋友在国外，但有关系的也为数不少。其中，国外有亲戚的学生家庭超过1/4，占25.8%，而国外有朋友的学生家庭则相对多一些，占37.8%。（见表3.7）

表 3.7　抽样学生的家庭特征

类　别	频　数	占样本总量的百分比（%）
父亲教育程度	N = 12,642	
文盲	75	0.6
小学	539	4.3
初中	2,647	20.9
高中（包括中专）	4,737	37.5
大专	1,899	15.0
大学本科及以上（国内大学）	2,659	21.0
大学本科及以上（海外大学）	86	0.7
母亲教育程度	N = 12,683	
文盲	237	1.9
小学	1,040	8.2
初中	3,025	23.9
高中（包括中专）	4,899	38.6
大专	1,859	14.7
大学本科及以上（国内大学）	1,568	12.4
大学本科及以上（海外大学）	55	0.4
家庭收入在当地的类型	N = 12,509	
富有	148	1.2
中上	2,080	16.6
中等	7,833	62.6
中下	1,680	13.4
贫穷	768	6.1
家庭成员人数	N = 12,691	
2 人	193	1.5
3 人	7,170	55.3
4 人	3,320	26.2
5 人	1,327	10.5
6 人	441	3.5
7 人及以上	240	1.9
家庭有无朋友在国外	N = 12,732	
有	4,804	37.8

续表

类　别	频　数	占样本总量的百分比（%）
没有	7,924	62.2
家庭有无亲戚在国外	N = 12,813	
有	3,303	25.8
没有	9,510	74.2

注：由于样本数据中存在缺失值（Missing Value），各类别样本数据总量可能会略小于样本总量（12,961）。各类别内的各组别百分比计算以各类的有效样本量为基数，因此组别所占百分比之和仍为100%。

（三）地区特征

本研究所用问卷中的被调查学生所在城市为7个，分别是北京、上海、南京、深圳、武汉、西安和贵阳。为了分析的便利，本文用学生所在地区来表示，即按照7个城市分布在中国的经济发展不同阶段，分为东部、中部和西部三个区域。其中东部地区是经济最发达地区，包括北京、上海、南京和深圳；中部地区是中等发达地区，只包括武汉；西部地区是较不发达地区，包括贵阳和西安。从表3.8可以看出，东部地区学生占总样本量的一半以上（57%），西部地区学生占总样本量的1/4以上（26.9%），中部地区学生则相对比较少，占16%。

表3.8　学生所在地区的特征

类　别	频　数	占样本总量的百分比（%）
家庭所在地区	N = 12,799	
东部	7,298	57.0
中部	2,054	16.0
西部	3,447	26.9

注：由于样本数据中存在缺失值（Missing Value），各类别样本数据总量可能会略小于样本总量（12,961）。各类别内的各组别百分比计算以各类的有效样本量为基数，因此组别所占百分比之和仍为100%。

五、描述性统计

本研究中的第五章和第六章的模型根据研究问题不同而有所差异，表现在因变量的分类标准不同。

第五章模型中的因变量被分为七个大类：科学、医学、工程、经济管理、社会科学、人文与艺术及其他。自变量中的学生个人特征和家庭背景因素包括：性别、学术能力、家庭收入水平、父母教育水平以及家庭所在地区等。其中，性别属类别变量，男性占47%，女性占53%。个人学术能力主要是指学生感知自己的学习成绩在本校同年级中的比例，被分为高、中、低三个组别，分别占样本量的14.6%、64.7%和20.7%。家庭收入水平被分为三个组别：高收入组、中等收入组和低收入组，分别占到样本量的17.8%、62.6%和19.6%。父母教育水平是指父母的平均受教育水平，属于连续变量。学生所在地区，东部占样本量的56.9%，中部占16%，西部占27.1%。样本总量为12,961（见表3.9）。其他自变量如留学预期收益率、海外就业前景等都属于连续变量。

表3.9　样本摘要（按七大类留学专业进行统计）

		样本（N）	有效比例（%）
性别	男性	6,059	47.0
	女性	6,845	53.0
有效		12,904	100
缺失		57	
总计		12,961	
家庭收入	高	2,228	17.8
	中	7,833	62.6
	低	2,448	19.6
有效		12,509	100
缺失		452	
总计		12,961	
学术能力	高	1,844	14.6
	中	8,172	64.7

续表

		样本（N）	有效比例（%）
	低	2,607	20.7
有效		12,623	100
缺失		338	
总计		12,961	
所在地区	东部	7,372	56.9
	中部	2,075	16.0
	西部	3,514	27.1
有效		12,961	100
缺失		0	
总计		12,961	

　　第六章的模型将用来分析海外留学高教专业选择如何影响国际知识转移所转移的知识类型以及对国家经济增长的影响。模型中的因变量（留学专业选择）被分为三类，即科技导向类专业、非科技导向类专业以及其他专业。从基本描述性统计看，学生留学预期专业选择中，科技导向类专业的选择人数为2,980人，占有效样本量的31.3%，而选择非科技导向类专业的人数6,258人，占有效样本量的65.8%。其他专业的只占2.8%（见表3.10）。

　　自变量包括性别、家庭收入、学术能力以及所在地区等。其中，性别比例上，男性占44.6%，女性占55.4%。家庭收入分为三个组别：高收入组、中等收入组和低收入组，分别占到样本量的14.8%、65.4%和19.8%。学术能力主要是指学生感知自己的学习成绩在本校同年级中的比例，分为高、中、低三个组别，分别占样本量的17.9%、63.9%和18.2%。学生所在地区，按照其在国内发展的经济状况分为东部、中部和西部三个区域，其中，东部包括了北京、上海、南京和深圳，总共占样本量的59.5%，中部只包括武汉，占样本量的15.5%，西部包括贵阳和西安，占25.0%。样本总量为12,961，有效样本量为9,508。

表 3.10　样本摘要（按三大类留学专业进行统计）

		样本（N）	比例（%）
留学专业	科技导向类	2,980	31.3
	非科技导向类	6,258	65.8
	其他专业	270	2.8
学生性别	男性	4,244	44.6
	女性	5,264	55.4
家庭收入	高	1,403	14.8
	中	6,221	65.4
	低	1,884	19.8
学术能力	高	1,701	17.9
	中	6,075	63.9
	低	1,732	18.2
所在地区	东部	5,661	59.5
	中部	1,470	15.5
	西部	2,377	25.0
有效		9,508	100.0

第四章　高中生海外留学专业选择及差异

第一节　海外留学专业选择

在本研究所使用的调查问卷中，第31题和32题，分别就学生对其所熟悉的14类专业进行选择。其中第31题，要求学生对修读某一专业的希望程度进行选择，从"非常不希望"到"非常希望"共六个等级。第32题，则要求学生对这14个专业做出"首选专业"的判断。

"若有机会往海外升读高教的话，你希望修读哪个学习方向？"　（问卷第31题）

	非常不希望 1	不希望 2	有点不希望 3	有点希望 4	希望 5	非常希望 6
（1）基础理科（如数学、物理、化学、生物）	□	□	□	□	□	□
（2）工程	□	□	□	□	□	□
（3）计算机与软件工程	□	□	□	□	□	□
（4）社会科学（如社会学、心理学、人类学）	□	□	□	□	□	□

续表

	非常不希望 1	不希望 2	有点不希望 3	有点希望 4	希望 5	非常希望 6
（5）经济管理（如经济、会计、市场营销）	□	□	□	□	□	□
（6）人文科学（如文学、历史、哲学）	□	□	□	□	□	□
（7）外语	□	□	□	□	□	□
（8）教育	□	□	□	□	□	□
（9）医学	□	□	□	□	□	□
（10）法律	□	□	□	□	□	□
（11）艺术/设计	□	□	□	□	□	□
（12）建筑	□	□	□	□	□	□
（13）新闻传媒	□	□	□	□	□	□
（14）其他	□	□	□	□	□	□

　　就第31题而言，假设每个学生都会给每个专业一个希望修读程度的值，该值在1—6之间，平均值为3.5。统计结果发现，在所有14个专业中，修读经济管理的希望程度最高，均值为4.59（标准差1.46）。修读社会科学的均值4.40（标准差1.48），居第二位。修读新闻学科的均值为4.2（标准差为1.61），居第三位。相反，希望修读基础理科的程度最低，均值为3.05（标准差为1.71），工程类则位居倒数第二位，均值3.61（标准差为1.65）。教育学科的均值为3.68（标准差为1.62），居倒数第三位（参见表4.1）。

　　经济管理类、社会科学类以及新闻类专业的希望程度均值在所有专业中处于前三位。而修读基础理科、工程以及教育类专业的均值最低。这说明在被调查的样本中，如果学生去留学，他们希望修读经济管理、社会科学以及新闻类专业的程度最高，而修读基础理科、工程以及教育类专业的希望程度最低。

表 4.1　海外留学选择修读专业的希望程度（14 个专业）

	经济管理	社会科学	新闻	艺术设计	计算机	法律	外语	建筑	医学	人文学科	教育	工程	基础理科	其他
均值	4.59	4.40	4.26	4.21	4.12	4.10	4.07	4.04	3.89	3.80	3.68	3.61	3.05	4.35
标准差	1.46	1.48	1.61	1.64	1.60	1.62	1.65	1.61	1.69	1.65	1.62	1.65	1.71	1.79

注：从左至右按均值大小的顺序呈降序排列（其他专业除外）

以上是被调查对象对 14 个留学专业的青睐程度，而如果强迫学生选择一个专业，结果会如何？本文使用的问卷第 32 题中对此有进一步调查："上面第 31 题中，若有机会往海外升读高教的话，哪一学习方向会是你的首选？（请注明）"（问卷第 32 题）

按照第二章中的分类标准，本研究将这 14 类专业重新归类到 7 个大类别中去，分别是：科学、医学、工程、经济管理、社会科学、人文与艺术以及其他专业。经统计发现，在所有 7 个大类首选专业中，选择经济管理类专业的学生数最多（2,501 人），占总有效样本量的 24.4%；选择社会科学类的学生数居第二位（2,352 人），占 23%；选择工程类专业的位居第三（1,885 人），占 18.4%；人文与艺术类的占 18.1%，位居第四（1,855 人）；接下来是医学（906）、科学（440），分别占 8.8% 和 4.3%，最后是其他专业（300，2.9%）。总样本为 12,961，缺失样本量为 2,722，有效样本量为 10,239（见表 4.2）。

表 4.2　海外留学首选专业频数及比例（7 个类别）

		频　数 Frequency	比　例 Percent	有效比例 Valid Percent	累计比例 Cumulative Percent
有效	经济管理	2,501	19.3	24.4	56.0
	社会科学	2,352	18.1	23.0	79.0
	工程	1,885	14.5	18.4	31.6
	人文与艺术	1,855	14.3	18.1	97.1
	医学	906	7.0	8.8	13.1
	科学	440	3.4	4.3	4.3

续表

		频 数 Frequency	比 例 Percent	有效比例 Valid Percent	累计比例 Cumulative Percent
	其他	300	2.3	2.9	100
	合计	10,239	79	100	
缺失		2,722	21		
总计		12,961	100		

注：自上而下按照有效比例的顺序呈降序排列

　　本研究把研究对象希望修读每个留学专业的程度和他们首选专业的比例进行对比，发现结果基本一致，即学生最青睐的是经济管理和社会科学类的专业，而最不倾向于修读科学类（基础理科）专业。

第二节　性别差异

　　由于本研究所用数据中男女性别在绝对数上有较大差异，因此本文用男性（女性）选择科学专业占男性（女性）总人数的比例，来消除男女性别在绝对数上的差异。

　　男性首选科学和工程专业的比例较高。如表4.3所示，男性首选科学专业的人数占男性总数的6.6%，而女性首选科学专业的人数只占女性总数的2.5%。男性首选工程专业的人数占31.6%，而女性首选工程专业的人数只占7.8%，差异非常明显。

　　女性首选社科和人文专业的比例较高。女性首选社会科学专业的占女性总数的29.6%，而男性首选社会科学的占14.9%。女性首选人文与艺术类专业的占23.9%，男性只占11.1%，差异很明显。

　　男、女在医学和经济管理专业上的差异虽然显著但相对较小。男性首选医学的比例为8.1%，而女性首选医学的比例为9.1%。男性首选经济管理的比例为24.0%，女性的比例为24.8%。

表4.3 留学首选专业的性别比例

首选专业		性 别		总 计
		男	女	
科学	数量	300	140	440
	占同性别比例	6.6%	2.5%	4.3%
医学	数量	372	515	887
	占同性别比例	8.1%	9.1%	8.7%
工程	数量	1,443	439	1,882
	占同性别比例	31.6%	7.8%	18.4%
经济管理	数量	1,096	1,403	2,499
	占同性别比例	24.0%	24.8%	24.5%
社会科学	数量	679	1,673	2,352
	占同性别比例	14.9%	29.6%	23.0%
人文与艺术	数量	505	1,349	1,854
	占同性别比例	11.1%	23.9%	18.2%
其他	数量	172	128	300
	占同性别比例	3.8%	2.3%	2.9%
总计	数量	4,567	5,647	10,214
	占同性别比例	100.0%	100.0%	100.0%

通过卡方检验，发现男女学生在专业选择的差异显著（P < 0.001）（见表4.4）。

表4.4 卡方检验结果

	Value	df	Asymp. Sig. （2-sided）
Pearson Chi-Square	1.350E3	6	0.000
Likelihood Ratio	1,390.464	6	0.000
Linear-by-Linear Association	580.983	1	0.000
N of Valid Cases	10,134		

　　为了更清楚地表明留学首选专业的性别差异，本书用图的形式对比了男女选择各专业的绝对数和相对数（占同性别人数的比例）。从图4.1和图4.2可以看出，无论是用男女的绝对数，还是用相对数进行对比，男女性别在首选留学专业上的差异是一致的。即男性首选科学与工程，而女性首选社科和人文艺术。医学和经济管理专业的差异较小。

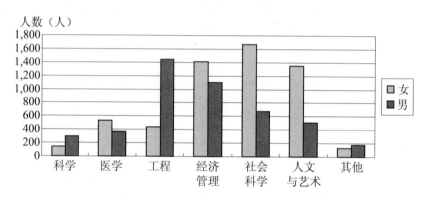

图4.1　各首选专业人数的性别对比

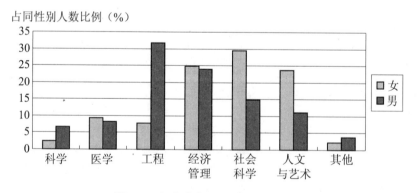

图4.2　各首选专业的性别比例对比

第三节 地区差异

以下是根据各城市的具体情况来看专业选择的差异（参见图4.3）。

北京、上海和贵阳的学生首选专业比较相近。首选专业排名前三位非常一致，即社会科学占第一，经济管理占第二，人文艺术占第三。而首选工程、医学、科学专业的排名则均在后几位。深圳与北京、上海基本一致，区别在于深圳首选第一位的是经济管理，第二位的才是社会科学。

西安和武汉的学生首选专业比较接近。首选专业排名前三位的依次为经济管理、社会科学和工程。

南京是最特别的城市。首选专业第一位的是经济管理，而第二位的是工程，社会科学排在第三位。这是七个城市里，首选专业中工程专业排名最前的城市。

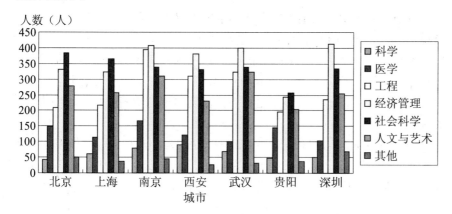

图4.3 七个城市首选留学专业人数情况

总体来看，社会科学和经济管理专业在各城市的学生中，都是留学很"热门"的专业，而科学专业则是非常"冷门"的专业，在各城市的首选排名均在倒数第一和第二的位置。首选专业中，除了南京学生将工程专业排在所有专业的第二位，其他城市的学生大致都把工程放在第四（北京、上海、深圳和贵阳）或第三（武汉和西安）的位置上。医学专业的排名非常一致，七个城市的学生首选医学的人数均排在第五位（见表4.5）。

表4.5　各城市首选留学专业人数比例排序

城　市	选择频率排序						
	1	2	3	4	5	6	7
北京	社会科学	经济管理	人文艺术	工程	医学	其他	科学
上海	社会科学	经济管理	人文艺术	工程	医学	科学	其他
南京	经济管理	工程	社会科学	人文艺术	医学	科学	其他
西安	经济管理	社会科学	工程	人文艺术	医学	科学	其他
武汉	经济管理	社会科学	工程	人文艺术	医学	科学	其他
贵阳	社会科学	经济管理	人文艺术	工程	医学	科学	其他
深圳	经济管理	社会科学	人文艺术	工程	医学	其他	科学

注：排序方法是逆序排列，1代表选择人数最多，7代表选择人数最少。

以上结果表明，当前中国大陆学生出国留学的专业选择观念和职业选择观念，与1990年以前出国的"老留学生"有所不同。"新生代"学生出国不再只选那些有奖学金、毕业后能在国外找到较好工作的理工科"冷门"专业，而转向了"热门"的经济管理类专业。这反映出学生在职业选择观念方面，出现了多元化趋势，甚至出现"弃理从文、弃文从商"的特点。

如果将专业分为"硬科学"（或称为科技导向类学科，如科学、工程、医学）和"软科学"（或称为非科技导向类的学科，除科学、工程、医学以外的学科）可以发现，预期选择"软科学"的学生占了65.5%，而选择"硬科学"的学生只占31.5%，前者是后者的两倍多。国外拥有先进的科技知识，为什么学生留学预期不选择"硬科学"而选择"软科学"？一个可能的原因是，随着中国市场经济体制不断发展，人们追求经济收益最大化的经济理性越来越凸显。而国内科学类专业的收益相对较低（IT产业工程师除外），"脑体倒挂"现象依然存在。从图4.4和图4.5不难发现，无论按行业分类还是按职位分类，经济管理类、计算机软硬件工程类、医药类的工作在中国内地都属于薪金收入相对较高的专业。

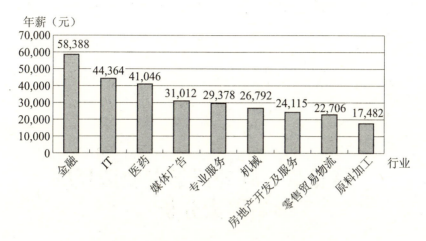

图 4.4 各行业薪酬情况（2007 年下半年）

注：资料来源于中华英才网人才研究中心

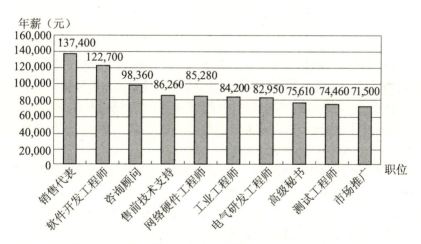

图 4.5 各职位最高应届生薪酬情况（2007 年下半年）

注：资料来源于中华英才网人才研究中心

第五章 海外留学专业选择的影响因素分析

本章主要报告我国高中生留学专业选择的影响因素分析结果。第一节分析影响留学专业选择的个人特征和家庭背景因素；第二节分析影响留学专业选择的经济因素；第三节分析影响留学专业选择的因素之间的交互作用。

一般统计学上把 5% 设定为显著性临界值（即只考虑 5% 以下的显著性水平）。然而经济学和统计学对显著性（significans）的概念有所差异。经济学者认为，不能把统计上的显著性和实际上或经济上的显著性（economic significance）混同起来。经济学概念中使用实在性（substantial）一词。当样本量非常大时，统计显著性问题会变得黯然失色，而经济显著性的问题会变得至关重要[85]。

在教育经济学领域的核心期刊（Economics of Education Review）中发表的一些有关专业选择的论文，大都报告 10% 以下的显著性水平。本研究从教育经济学人力资本理论出发，使用经济因素（预期收益率和预期就业前景）来分析留学专业选择行为。主要目的是比较专业之间选择的差异如何受到经济因素的影响。因此设定 10%（$p < 0.10$）为显著性水平的临界值，并报告三个不同的显著性水平：$p < 0.10$，$p < 0.05$，和 $p < 0.01$。

第一节　个人特征和家庭背景因素
对留学专业选择的影响

本研究主要目的是探索留学专业选择的经济影响因素，虽然个人特征和家庭背景因素并不是本研究的关注重点，但这两方面因素的影响也必须考虑，或者说在探讨经济影响因素之前必须要控制这些因素的影响。

本模型的因变量是留学专业选择。自变量包括了性别、学术能力、父母受教育水平、家庭收入水平以及地区等个人特征与家庭特征因素。

如前所述，本研究所用多元逻辑回归模型的主要特点是因变量为多元类别变量。在每个回归模型中都要指定一个类别作为参考类别，其他类别与之进行比较。本研究留学专业选择包括科学、医学、工程、经济管理、社会科学、人文与艺术及其他类专业在内的七个类别。参考专业主要是经济管理。因为经济管理是所有学生选择最多的专业，也就是最"热门"的专业，因此其他专业类别都与之进行比较。

模型的拟合指数（卡方）为 1,504.8，自由度为 48，加入的控制变量在模型中的作用显著（$p < 0.001$）（见表 5.1）

表 5.1　模型（1）拟合信息

模　型	模型拟合标准	似然率测试 Likelihood Ratio Tests		
	−2 Log Likelihood	Chi−Square	df	Sig.
只含截距模型	8,966.255			
最终模型	7,461.453	1,504.803	48	0.000

（一）性别因素

多元逻辑回归分析结果显示（见表5.2），男性选择工程类专业的概率与男性选择经济管理类专业的概率之比，是女性选择工程类专业的概率与女性选择经济管理类专业的概率之比的4.15倍。也就是说，相对于女性而言，男性选择工程类专业（相对于选择经济管理类专业，以下简称

表5.2　模型（1）：个人特征和家庭背景对专业选择的影响

控制变量		科学 vs.① 经济管理	医学 vs. 经济管理	工程 vs. 经济管理	社会科学 vs. 经济管理	人文与艺术 vs. 经济管理
		EXP（B）	EXP（B）	EXP（B）	EXP（B）	EXP（B）
截距		-2.214***	-0.361	-0.280	0.321*	0.541***
性别	男	2.786***	0.884	4.151***	0.517***	0.477***
	女	1.00	1.00	1.00	1.00	1.00
学术能力	高	1.852***	0.990	0.866	0.763***	0.572***
	中	1.303*	1.182	0.870*	0.890	0.788***
	低	1.00	1.00	1.00	1.00	1.00
家庭收入	高	0.506***	0.626***	0.780**	0.728***	0.899
	中	0.746**	0.926	0.989	0.970	0.976
	低	1.00	1.00	1.00	1.00	1.00
父母教育		1.010	0.961***	0.950***	1.005	0.970***
所在地区	东	0.732**	0.905	0.847**	1.028	1.065
	中	0.741*	0.550***	0.930	0.860	1.089
	西	1.00	1.00	1.00	1.00	1.00

注：* p<0.10，** p<0.05，*** p<0.01。

① 本研究中的vs是versus的缩写，表示两个专业类别的对比。

相对于经济管理）的几率①较大（是女性选择这两类专业的几率的4.15倍，以下简称是女性的4.15倍）。为了便于理解，本文以后就统一按照这一方式去表达，即相对于女性，男性选择工程类专业（相对于经济管理）的几率较大（是女性的4.15倍）。

相对于女性而言，男性选择科学类专业（相对于经济管理）的几率较大（是女性的2.79倍）；男性选择社会科学类专业（相对于经济管理）的几率较小（是女性的51.7%）；男性选择人文与艺术类专业（相对于经济管理）的几率较小（是女性的47.7%）。

（二）学术能力因素

相对于成绩低等学生而言，成绩优等的学生选择科学类专业（相对于经济管理）的几率较大（是成绩低等学生的1.85倍）；成绩优等的学生选择社会科学类专业（相对于经济管理）的几率较小（是成绩低等学生的76.3%）；成绩优等的学生选择人文与艺术类专业（相对于经济管理）的几率较小（是成绩低等的学生的57.2%）；

相对于成绩低等的学生而言，成绩中等的学生选择科学类专业（相对于经济管理）的几率较大（是成绩低等学生的1.3倍）（$p < 0.10$）；成绩中等的学生选择工程类专业（相对于经济管理）的几率较小（是成绩低等学生的87%）（$p < 0.10$）；成绩中等的学生选择人文与艺术类专业（相对于经济管理）的几率较小（是成绩低等学生的78.8%）。

（三）家庭收入因素

相对于低收入家庭的学生，高收入家庭的学生选择科学类专业（相对于经济管理）的几率较小（是低收入家庭学生的50.6%）；高收入家庭的学生选择医学类专业（相对于经济管理）的几率较小（是低收入家庭学生的62.6%）；高收入家庭的学生选择工程类专业（相对于经济管理）的几率较

---

① 所谓几率是事件可能 A 和 B 两种情况的概率比（事件只有两种情况）。当一个事件发生两种以上情况时（比如留学可供选择的 7 类专业），任意两种情况发生的概率比，在本文中也称为事件发生两种情况的几率。比如学生选择 A 专业概率与选择 B 专业的概率的比值被称为学生选择这两类专业的几率。

小（是低收入家庭学生的 78%）；高收入家庭的学生选择社会科学类专业（相对于经济管理）的几率较小（是低收入家庭学生的 72.8%）。

相对于低收入家庭的学生，中等收入家庭的学生选择科学类专业（相对于经济管理）的几率较小（是低收入家庭学生的 74.6%）。

（四）父母教育水平因素

随着父母受教育年限的增加，学生选择医学类专业的概率（相对于经济管理）将会减小（父母受教育年限每增加 1 年，选择医学的概率将减少 3.9%）；学生选择工程类专业的概率（相对于经济管理）将减小（父母受教育年限每增加 1 年，选择工程的概率将减少 5%）；学生选择人文与艺术类专业（相对于经济管理）的概率将减小（父母受教育年限每增加 1 年，选择人文与艺术的概率将减少 3%）。

（五）地区因素

相对于西部地区的学生，东部地区的学生选择科学类专业（相对于经济管理）的几率较小（是西部地区学生的 73.2%）；东部地区的学生选择工程类专业（相对于经济管理）的几率较小（是西部地区学生的 84.7%）。

相对于西部地区的学生，中部地区的学生选择科学类专业（相对于经济管理）的几率较小（是西部地区学生的 74.1%）（$p < 0.10$）；中部地区的学生选择医学类专业（相对于经济管理）的几率较小（是西部地区学生的 55%）。

第二节 经济因素对留学专业选择的影响

一、留学预期收益率

在前一个模型的基础上加入属经济因素的自变量，来分析在控制了个人特征与家庭特征因素后，经济因素对留学专业选择的影响。经济因素包括高中生的海外留学预期收益率、预期海外就业前景、预期回国就业前景、信息渠道（学校、媒体、中介机构和网络）重要性。

模型的拟合指数（卡方）为 1,318.53，自由度为 90，加入自变量在模型中的作用显著（p<0.001）（见表5.3）

表5.3　模型（2）拟合信息

模　型	模型拟合标准	似然率测试 Likelihood Ratio Tests		
	−2 Log Likelihood	Chi−Square	df	Sig.
只含截距模型	25,476.456			
最终模型	24,157.927	1,318.529	90	0.000

（一）控制变量

当加入经济因素自变量后，模型（2）中的控制变量（男性、学术能力、父母教育）的显著性均未发生改变，只在家庭收入和所在地区因素上发生了变化，尤其是在工程类与经济管理类专业之间的选择上发生了显著性的变化。比如在模型（1）中，家庭收入（0.780**）和所在地区（0.847**）均显著影响工程类与经济管理类专业的选择，但在模型（2）中它们的影响就变为不显著，分别为家庭收入（0.851）和所在地区（0.892）。这可能是因为家庭收入、所在地区等因素与经济因素之间发生了交互作用。因为不同家庭收入水平的学生可能对留学收益的期望不同，不同地区的学生可能对留学收益的期望也不同。这一可能性将在模型（4）中考虑变量之间的交互作用对专业选择影响时作出分析和讨论。

（二）留学预期收益率

留学预期收益率对学生专业选择的影响显著地发生在医学与经济管理之间和社会科学与经济管理之间（见表5.4）。

表5.4　模型（2）：经济因素对留学专业选择的影响（海外留学预期收益率）

变　量		科学 vs. 经济管理	医学 vs. 经济管理	工程 vs. 经济管理	社会科学 vs. 经济管理	人文与艺术 vs. 经济管理
		EXP（B）	EXP（B）	EXP（B）	EXP（B）	EXP（B）
截距（B）		-2.016***	-0.340	-0.130	0.289	0.614**
性别	男	2.645***	0.917	4.243***	0.508***	0.453***
	女	0.00	1.00	1.00	1.00	1.00
学术能力	高	1.764***	1.073	0.935	0.799*	0.597***
	中	1.339	1.299**	0.913	0.900	0.786**
	低	1.00	1.00	1.00	1.00	1.00
家庭收入	高	0.526***	0.622***	0.851	0.724***	0.826
	中	0.715**	0.885	1.012	0.995	0.927
	低	1.00	1.00	1.00	1.00	1.00
父母教育		1.027	0.966**	0.943***	1.012	0.962***
所在地区	东	0.705**	0.922	0.892	1.071	1.156
	中	0.698*	0.439***	0.932	0.823*	1.031
	西	1.00	1.00	1.00	1.00	1.00
预期收益率		0.743	1.337*	1.041	0.775*	0.900
海外就业前景		0.829***	1.001	0.959	0.981	1.063
回国就业前景		1.008	1.039	0.964	0.956	0.942
信息来源	学校	1.024	1.050	1.093***	1.002	1.018
	媒体	1.034	0.965	0.968	1.046	1.071*
	中介	0.892**	1.070*	0.934**	0.966	1.002
	网络	0.966	0.901**	0.971	0.973	0.933**

注：* p<0.10，** p<0.05，*** p<0.01。

随着海外留学预期收益率的增加，学生选择医学类专业（相对于经济管理）的概率将增加（预期收益率每增长一个百分点，选择医学类的概率将增加 33.7%）（p < 0.10）。

随着海外留学预期收益率的增加，学生选择社会科学类专业（相对于经济管理）的概率将减少（预期收益率每增长一个百分点，选择社会科学类的概率将减少 22.5%）（p < 0.10）。

（三）预期就业前景

预期海外就业前景因素在学生于科学类与经济管理类之间做出选择时的作用显著，而在其他专业之间的选择不显著（见表 5.4）。

随着学生对海外就业前景看好程度的增加，他们选择科学类专业（相对于经济管理）的概率将减少。对海外就业前景看好的程度每提高一个单位（标准化后的单位），他们选择科学类专业的概率将会降低 17.1%。

与预期海外就业前景因素不同的是，预期回国就业前景因素对各类专业选择的影响均不显著。这说明学生在考虑留学专业选择时可能并不考虑回国就业和为国家作贡献的因素①。

（四）信息来源

研究发现，在问卷调查第 46 题的 11 类海外升学信息来源中，只有四类信息来源对学生留学专业选择产生显著影响。这四类信息分别是学校信息、媒体信息、中介机构信息和网络信息②。

随着学生认为学校信息来源重要性的增加，他们选择工程类专业（相对于经济管理）的概率增加（学校信息来源重要性每增加一个单位，选择工程的概率将增加 9.3%）。

---

① 本研究中预期回国就业前景这一因素包含两道题目（见问卷第 25 题）：学成回国对国家作贡献（子问题 19），学成回国有更好的就业前景（子问题 20）。

② 这四类信息在问卷中第 46 题的具体题目分别是：学校升学介绍（子问题 4）、广播/电视/报纸（子问题 5）、留学中介公司（子问题 6）和互联网（子问题 7）。

随着学生认为媒体信息来源重要性的增加，他们选择人文与艺术类专业（相对于经济管理）的概率将增加（媒体信息来源重要性每增加一个单位，选择人文与艺术类的概率将增加 7.1%）（p < 0.10）。

随着学生认为中介机构信息来源重要性的增加，他们选择科学类专业（相对于经济管理）的概率将减少（中介机构信息来源重要性每增加一个单位，选择科学的概率将减少 10.8%）；他们选择医学类专业（相对于经济管理）的概率将增加（中介机构信息来源重要性每增加一个单位，选择医学的概率将增加 7%）；他们选择工程类专业（相对于经济管理）的概率将减少（中介机构信息来源重要性每增加一个单位，选择科学的概率将减少 6.6%）。

（五）消费偏好

学生对国外文化的消费偏好对所有被对比的留学专业均无显著影响，这表明消费者行为理论在留学专业选择中的解释力微弱。

二、海内外高教预期收益率差

与模型（2）稍有不同，模型（3）将自变量海外留学收益率换成海内外高教预期收益率差。目的是分析学生在专业选择时，除考虑海外留学的收益率外，是否还考虑国内高等教育的收益率。

在使用了预期收益率之差这个自变量后，模型的拟合指数（卡方）为 1,284.172，自由度为 90，自变量在模型中的作用显著（p < 0.001）（见表 5.5）。

表 5.5　模型（3）拟合信息

模　型	模型拟合标准	似然率测试 Likelihood Ratio Tests		
	− 2 Log Likelihood	Chi − Square	df	Sig.
只含截距模型	24,768.259			
最终模型	23,484.087	1,284.172	90	0.000

（一）控制变量

当加入经济因素自变量（海内外高教预期收益率之差、预期海外就业前景、预期回国就业前景、信息因素）后，模型（3）里控制变量的显著性与模型（2）相比发生部分变化。比如父母教育水平因素在医学与经济管理这对专业选择中的显著性，在模型（2）中显著（0.966＊＊），但是在模型（3）里变得不显著（0.970），而家庭所在地区因素在人文与艺术与经济管理这对专业选择中的影响由不显著（1.156）变为显著（1.186＊）。这说明某些自变量和控制变量之间（如海内外高教预期收益率之差与家庭所在地区）可能存在交互作用，对某些专业对之间的选择产生了显著影响。这些交互效应将在模型（5）中进行讨论。

（二）海内外高教的预期收益率之差

海内外高教的预期收益率差对学生专业选择的影响，在医学与经济管理，人文与艺术和经济管理，两对专业选择时表现显著，而对其他专业之间的选择则不显著。

随着海内外高教预期收益率之差（预期海外留学预期收益率与预期国内高教收益率之差）的增加，学生选择医学类专业（相对于经济管理）的概率将增加（学生对国外和国内高教的预期收益率差每增加1%，他们选择医学类的概率会增加55.3%）（见表5.6）。

随着海内外高教预期收益率之差的增加，学生选择人文与艺术类专业（相对于经济管理）的概率将增加。学生预期海内外高教收益率之差每增加1%，选择人文与艺术的概率会增加43.4%）（见表5.6）。

（三）预期就业前景

预期海外就业前景对学生专业选择影响显著，主要表现在科学类与经济管理类之间，其结论与模型（2）中的预期海外就业前景基本一致。

表5.6 模型（3）：经济因素对留学专业选择的影响
（海内外高教预期收益率差）

变 量		科学 vs. 经济管理	医学 vs. 经济管理	工程 vs. 经济管理	社会科学 vs. 经济管理	人文与艺术 vs. 经济管理
		EXP（B）	EXP（B）	EXP（B）	EXP（B）	EXP（B）
截距（B）		-2.070***	-0.317	-0.123	0.186	0.457*
性别	男	2.655***	0.904	4.273***	0.510***	0.454***
	女	1.00	1.00	1.00	1.00	1.00
学术能力	高	1.785***	1.093	0.925	0.787*	0.615***
	中	1.344	1.324**	0.915	0.892	0.801**
	低	1.00	1.00	1.00	1.00	1.00
家庭收入	高	0.529***	0.621***	0.881	0.756**	0.827
	中	0.702**	0.880	1.027	1.037	0.931
	低	1.00	1.00	1.00	1.00	1.00
父母教育		1.031	0.970	0.944***	1.016	0.968**
所在地区	东	0.698**	0.912	0.880	1.069	1.186*
	中	0.713	0.436***	0.954	0.811*	1.059
	西	1.00	1.00	1.00	1.00	1.00
海内外预期收益率差		1.254	1.553**	1.017	1.251	1.434***
海外就业前景		0.829***	1.011	0.969	0.982	1.061
回国就业前景		1.010	1.034	0.965	0.962	0.938
信息来源	学校	1.024	1.043	1.088***	1.006	1.016
	媒体	1.027	0.956	0.969	1.040	1.069*
	中介	0.893**	1.082**	0.936**	0.978	1.007
	网络	0.967	0.895**	0.968	0.966	0.939*

注：* p<0.10，** p<0.05，*** p<0.01。

（四）信息来源

同样，四类信息来源（学校、媒体、中介和网络）对学生专业选择有显著影响。受学校信息显著影响的专业为工程类与经济管理类；受媒体信息显著影响的专业为人文与艺术类与经济管理类；受中介信息影响的专业为科学类与经济管理类、医学类与经济管理类以及工程类与经济管理类；受网络信息影响的专业为医学类与经济管理类、人文与艺术类与经济管理类。具体的影响方向和程度均与模型（2）中的信息来源的影响相近（见表5.6）。

第三节　因素间的交互作用对留学专业选择的影响

本节主要探讨在控制了个人特征和家庭背景因素以及经济因素后，学生留学专业选择是否受到变量之间交互作用的影响。

模型（4）是在模型（2）的基础上形成的，也就是说自变量使用的是海外留学预期收益率这一变量，那么加入交互作用也是用这一变量与其他变量进行交互作用分析。该模型中的交互作用包括：海外留学预期收益率与海外就业前景的交互作用项，海外留学预期收益率与回国就业前景的交互作用项，海外留学预期收益率与家庭所在地区的交互作用项以及个人学术能力与家庭收入水平的交互作用项。

在加入交互作用变量后，模型的拟合指数（卡方）为1,362.083，自由度为138，自变量在模型中的作用显著（$p < 0.001$）（见表5.7）。

表5.7　模型（4）拟合信息

模　　型	模型拟合标准	似然率测试 Likelihood Ratio Tests		
	− 2 Log Likelihood	Chi − Square	df	Sig.
只含截距模型	25,476.456			
最终模型	24,114.373	1,362.083	138	0.000

　　模型（4）中参与交互作用分析的变量有：留学预期收益率＊预期海外就业前景、留学预期收益率＊预期回国就业前景、留学预期收益率＊所在地区、学术能力＊家庭收入。在加入学术能力与家庭收入的交互变量后，发现该交互作用在某些专业选择之间的作用显著（见5.8）。而模型（2）里面的学术能力、家庭收入等单个控制变量的显著性，在本模型中基本变为不显著。这说明两个因素之间确实存在交互作用，具体影响如下：

　　相对于个人学习成绩较高，但家庭收入较低的学生，学习成绩较高且家庭收入为高等和中等的学生选择科学类专业（相对于经济管理）的几率较大（是成绩较高但家庭收入低的学生的4.06倍）（$p < 0.10$）。这说明个人成绩对留学专业选择的影响确实受到了家庭收入因素的调节作用。在学生学习成绩一定的情况下，家庭收入高的学生更可能选择科学，而家庭收入低的学生更可能选择经济管理专业。这可能说明家庭收入高的学生在选择专业时较少受经济因素的限制，而低收入家庭的学生较多受此限制。

　　海外留学预期收益率与学生家庭所在地区的交互作用，对学生在人文与艺术类与经济管理类专业之间选择产生显著影响。在预期收益率一定的情况下，相对于西部地区的学生，东部地区的学生选择人文与艺术类专业（相对于经济管理）的几率较大（是西部地区学生的2倍）。这说明留学预期收益率对专业选择的影响受到了家庭所在地区的调节作用。

　　海外留学预期收益率与海外就业前景的交互作用，对学生留学专业选择的影响不显著。海外留学预期收益率与回国就业意愿的交互作用，对学生留学专业选择的影响不显著。这说明这两个经济因素对留学专业选择的影响是相互独立的，不产生交互效应。

表5.8 模型（4）：变量交互作用对留学专业选择的影响

变 量		科学 vs. 经济管理	医学 vs. 经济管理	工程 vs. 经济管理	社会科学 vs. 经济管理	人文与艺术 vs. 经济管理
		EXP（B）	EXP（B）	EXP（B）	EXP（B）	EXP（B）
截距（B）		−1.667***	−0.400	−0.011	0.397	0.707**
性别	男	2.641***	0.919	4.235***	0.508***	0.453***
	女	1.00	1.00	1.00	1.00	1.00
学术能力	高	0.734	0.864	0.768	0.764	0.756
	中	1.071	1.495	0.875	0.807	0.725
	低	1.00	1.00	1.00	1.00	1.00
家庭收入	高	0.280**	0.529	0.647	0.575**	0.044
	中	0.503*	1.039	1.006	0.950	0.978
	低	1.00	1.00	1.00	1.00	1.00
父母教育		1.026	0.965**	0.942***	1.012	0.961
所在地区	东	0.688**	0.929	0.834*	1.037	1.069
	中	0.635**	0.428***	0.880	0.781*	0.953
	西	1.00	1.00	1.00	1.00	1.00
留学预期收益率		0.527	1.284	0.730	0.595**	0.511
海外就业		0.845***	1.006	0.955	0.959	1.041
回国就业		1.002	1.016	0.957	0.957	0.963
信息来源	学校	1.024	1.051	1.093***	1.003	1.018
	媒体	1.036	0.966	0.970	1.046	1.071
	中介	0.894**	1.071*	0.935**	0.966	1.003
	网络	0.960	0.899**	0.967	0.973	0.932
留学预期收益率 * 海外就业		0.827	0.963	1.043	1.281	1.277

续表

变　量		科学 vs. 经济管理 EXP（B）	医学 vs. 经济管理 EXP（B）	工程 vs. 经济管理 EXP（B）	社会科学 vs. 经济管理 EXP（B）	人文与艺术 vs. 经济管理 EXP（B）
留学预期收益率 * 回国就业		1.092	1.184	1.048	0.975	0.791
留学预期收益率 * 所在地区	东	1.128	0.967	1.730	1.303	2.004***
	中	2.256	1.248	1.653	1.614	2.107
	西	1.00	1.00	1.00	1.00	1.00
学术能力 * 家庭收入	高高	4.060*	2.236	1.902	1.237	1.133
	高中	2.906**	1.105	1.117	0.997	0.637
	高低	1.00	1.00	1.00	1.00	1.00
	中高	1.804	1.061	1.293	1.347	1.411
	中中	1.292	0.782	0.986	1.082	1.019
	中低	1.00	1.00	1.00	1.00	1.00
	低高	1.00	1.00	1.00	1.00	1.00
	低中	1.00	1.00	1.00	1.00	1.00
	低低	1.00	1.00	1.00	1.00	1.00

注：*$p < 0.10$，**$p < 0.05$，***$p < 0.01$。

第六章　海外留学专业与国际知识转移

本章主要分析海外留学高等教育与国际知识转移的关系，并讨论对国家经济增长的影响。第一节论述留学高教专业选择与国际知识转移的关系，第二节是模型分析结果，第三节是讨论与建议。

第一节　留学高教专业选择与国际知识转移

跨国实证研究（N = 101，时间：1965—1985 年）表明，发展中国家派往发达国家的留学生与其经济增长有一定相关性。不仅如此，派出不同专业的留学生也与经济增长有关。研究认为，留学生派出国向发达国家派出的科技导向类专业（包括自然科学、医学和工程类专业）的学生数越多，该国经济增长的速度越快。而其他专业的学生数对国家经济增长的影响则不显著。即留学科技导向类专业对发展中国家的经济增长有显著性贡献。Kim 认为，原因可能在于科技导向类专业的知识在国际间更加整合和标准化。因此发达国家（留学生接收国）在这些专业领域的先进知识更容易被留学生派出国所吸纳和利用，从而有助于其经济快速增长[4]。

国际知识转移包括了出国留学决策、留学专业选择、海外留学、留学后回国，以及回国后在所学专业相关领域工作等这样一些过程。如果学生决定出国留学，而且毕业后回国并在所学专业领域工作，那么他在国际间转移的专业知识就基本取决于他选择的留学专业。因此留学专业选择在某种程度上意味着可能产生该专业知识的国际转移。

如果学生们留学时选择科技导向类专业，他们将来学成回国后转移的是发达国家的先进科技专业知识，而如果选择了非科技导向类专业，则回国后转移的是非科技专业知识。那么哪些因素影响学生选择科技导向类专业？这也将是影响留学生转移科技知识的因素，研究将通过逻辑回归模型对此问题进行分析和回答。

第二节 模型及分析结果

本研究模型与第五章的模型基本一致，不同点在于因变量的分类标准不同。本研究模型的因变量（留学专业选择）是在原七类专业分类标准的基础上进一步合并，归为三大类，即科技导向类、非科技导向类以及其他专业。其中，科技导向类专业包括了科学类专业、工程类专业以及医学类专业；非科技导向类专业则包括经济管理类、社会科学类、人文与艺术类；其他专业是学生不能确定的其他专业。具体模型表达式如下：

模型（1）

$$\log\left(\frac{P(ST)}{P(NST)}\right) = B_0 + B_1 \text{MALE} + B_2 \text{ACDAB} +$$
$$B_3 \text{FMINC} + B_4 \text{EDUMN} + B_5 \text{FMLOC}$$

模型（2）

$$\log\left(\frac{P(ST)}{P(NST)}\right) = B_0 + B_1 \text{MALE} + B_2 \text{ACDAB} +$$
$$B_3 \text{FMINC} + B_4 \text{EDUMN} + B_5 \text{FMLOC} +$$
$$B_6 \text{ROROVHE} + B_7 \text{EMPOVS} + B_8 \text{EMPDOM} +$$
$$B_9 \text{INFSCH} + B_{10} \text{INFMED} + B_{11} \text{INFAGT} +$$
$$B_{12} \text{INFNET}$$

其中 $P(ST)$ 代表选择科技导向类专业的几率；$P(NST)$ 代表选择非科技导向类专业的几率；MALE 代表性别；ACDAB 代表学术能力；FMINC 代表家庭收入水平；EDUMN 代表父母平均教育水平；FMLOC 代

表家庭所在地区。ROROVHE 代表海外留学预期收益率，EMPOVS 代表预期海外就业前景，EMPDOM 代表预期回国就业前景。INFSCH 代表学校信息来源的重要性程度，INFMED 代表媒体信息来源的重要性程度，INFAGT 代表中介机构信息来源的重要性程度，INFNET 代表互联网络信息来源的重要性程度。

表6.1　科技导向类与非科技导向类专业的选择模型

变　量		模型（1）	模型（2）
		EXP（B）	EXP（B）
截距（B）		− 0.874 * * *	− 0.895 * * *
性别	男	3.702 * * *	3.824 * * *
	女	1.00	1.00
学术能力	高	1.251 * * *	1.272 * * *
	中	1.101	1.154 * *
	低	1.00	1.00
家庭收入	高	0.784 * * *	0.852 *
	中	0.949	0.958
	低	1.00	1.00
父母教育		0.967 * * *	0.968 * * *
所在地区	东部	0.825 * * *	0.827 * * *
	中部	0.804 * * *	0.778 * * *
	西部	1.00	1.00
留学预期收益率			1.184 *
预期海外就业前景			0.941 * *
预期回国就业前景			1.023
学校信息			1.048 * *
海外高校信息			0.940 * * *

注：* p<0.10，* * p<0.05，* * * p<0.01

（一）模型（1）

在模型（1）中放入个人特征和家庭背景方面的五个变量：性别、学术能力、家庭收入、父母受教育水平和地区。分析发现：模型的拟合指数（卡方）为 923.820，自由度为 16，自变量在模型中的作用显著（P < 0.001）（见表 6.2）。

表 6.2 模型（1）拟合信息

模　型	模型拟合标准	似然率测试（Likelihood Ratio Tests）		
	−2 Log Likelihood	Chi − Square	df	Sig.
只含截距模型	3,531.728			
最终模型	2,607.908	923.820	16	0.000

1. 性别

相对于女性而言，男性选择科技导向类专业（相对于非科技导向类专业）的几率较大（是女性的 3.7 倍）（见表 6.1）。

2. 学术能力

相对于成绩低等的学生，成绩优秀的学生选择科技导向类专业（相对于非科技导向类专业）的几率较大（是低等成绩学生的 1.25 倍）。成绩中等的学生与成绩低等的学生在选择这两类专业上没有显著差异。

3. 家庭收入

相对于低收入家庭的学生而言，高收入家庭的学生选择科技导向类专业（相对于非科技导向类专业）的几率较小（是低收入家庭学生的 78.4%）。中等收入家庭和低收入家庭的学生在选择这两类专业时无显著差异。

4. 父母受教育水平

随着父母平均受教育年限的增加，学生选择科技导向类专业（相对于非科技导向类专业）的概率将减少。父母平均受教育年限每增加 1 年，学生选择科技导向类专业的概率将下降 3.3%。

5. 所在地区

相对于西部地区的学生而言，东部地区的学生选择科技导向类专业（相对于非科技导向类专业）的几率较小（是西部地区学生的 82.5%）；中部地区的学生选择科技导向类专业（相对于非科技导向类专业）的几率也较小（是西部地区学生的 80.4%）。

（二）模型（2）

在模型（1）基础上，控制了个人特征和家庭背景等因素，加入经济因素自变量：海外留学预期收益率、预期海外就业前景、预期回国就业前景以及信息来源因素。模型分析结果发现：模型的拟合指数（卡方）为789.567，自由度为26，自变量在模型中的作用显著（P < 0.001）（见表6.3）。

表6.3 模型（2）拟合信息

模　型	模型拟合标准	似然率测试（Likelihood Ratio Tests）		
	– 2 Log Likelihood	Chi – Square	df	Sig.
只含截距模型	10, 854. 828			
最终模型	10, 065. 262	789. 567	26	0. 000

1. 海外留学预期收益率

随着留学预期收益率的增加，学生选择科技导向类专业（相对于非科技导向类专业）的概率将增加。留学预期收益率每增加一个百分点，学生选择科技导向类专业的概率（相对于非科技导向类专业）将增长 18.4% 。

2. 预期海外就业前景

随着预期海外就业前景看好程度的增加，学生选择科技导向类专业（相对于非科技导向类专业）的概率将会下降。预期海外就业前景看好程度每增加一个百分点，学生选择科技导向类专业的概率（相对于非科技导向类专业）下降 5.9% 。

3. 信息来源

随着学生认为学校信息来源的重要性增加，学生选择科技导向类专业（相对于非科技导向类专业）的概率也将增加。学校信息主要是指学生所在学校的升学介绍。这类信息的重要性每增加一个百分点，学生选择科技导向类专业（相对于非科技导向类专业）的概率将增加 4.8% 。

随着学生认为海外高校信息来源的重要性增加，学生选择科技导向类专业（相对于非科技导向类专业）的可能性将降低。海外高校信息主要是指海外高校的招生宣传。这类信息的重要性每增加一个百分点，学生选择科技导向类专业（相对于非科技导向类专业）的概率将降低6%。

第三节　讨论和建议

本研究发现在控制了个人特征和家庭背景等因素后，随着留学预期收益率的增加，学生选择科技导向类（相对于非科技导向类）专业的概率增加。而随着预期海外就业前景看好程度的增加，学生选择科技导向类专业（相对于非科技导向类）的概率会降低。分析这一结果产生的原因可能在于，工程和医学类专业在国外收益率较高，使得整个科技导向类专业的收益率相对于非科技导向类专业的收益率较高，因此学生更可能选择这类专业。但是另一方面，本科留学生如果选择科学类和医学类专业，他们预期毕业后留在国外就业的困难较大。从美国国土安全部的移民签证报告看，在获批美国2005年的 H－1B 工作签证①的外国人中，从事生物科学工作的人占2.4%，化学类工作的占1%，内（外）科医生占2.7%。然而从事会计、审计类工作的从业人员占4.6%，远超出前从事科学和医学类工作的人（见表6.4）[86]。因此对海外就业前景看好程度较高的学生选择科技导向类专业的可能性相对较低也是合理选择。

如果政府希望加强科技类专业知识的国际转移力度以促进经济增长，则可以考虑留学生选择科技导向类专业的影响因素，具体建议如下：

1. 留学预期收益率越高，学生选择科技导向类专业（相对于非科技导向类）的概率增加。如果给予学生在科技导向类专业上的资助，使得学生预期成本下降，而他们预期的留学收益率将会相应提高，这可能会增加选择该类专业的可能性。

---

① 美国 H－1B 签证是一种非移民签证，它允许美国雇主在本国国民中缺乏相关人才时，雇佣专业职业（specialty occupation）的外籍雇员。专业职业是指对高度专业化知识的理论性或实践性应用的行业，包括建筑、工程、数学、物理、社会科学、医药卫生、教育、法律、会计等。而且要求申请人必须要有本科或同等学历以上的学位。H－1B 签证被严格限于那些由雇主资助的就业者。

2. 通过增加学生所在学校的升学介绍，对国外科技知识和该类专业的进一步了解，可能有助于学生选择该类专业。

3. 男生选择科技导向类专业（相对于非科技导向类）的几率比女生较高，因此增加对女生选择科技导向类专业的鼓励和支持，可能将进一步提高选择该专业的比例。

4. 西部学生选择科技导向类（相对于非科技导向类）专业的几率比东部和中部学生相对较高，因此增加对西部学生的资助力度，可能会提高整体学生选择该类专业的比例。

表 6.4　按专业分类的美国 H - 1B 签证获批情况（2004 和 2005）

Occupational Group（职业组）	All Beneficiaries（所有受益者）	
	FY 2004	FY（财年）2005
	Percent	Percent（比例）
Total	------	------
Occupation known	100	100
Occupations in Systems Analysis and Programming	39.3	37.8
Occupations in College and University Education	6.9	8.1
Accountants, Auditors and Related Occupations	4.5	4.6
Electrical/Electronics Engineering Occupations	4.1	3.8
Computer-Related Occupations, n. e. c	3.5	3.6
Physicians and Surgeons	2.5	2.7
Occupations in Biological Sciences	2.4	2.4
Occupations in Economics	2.1	2.1
Miscellaneous Managers and Officials, n. e. c.	2.0	2.0
Miscellaneous Professional, Technical and Managerial Occupations, n. e. c.	1.9	1.8
Occupations in Architecture, Engineering, and Surveying, n. e. c.	1.9	1.8

续表

Occupational Group（职业组）	All Beneficiaries（所有受益者）	
	FY 2004	FY（财年）2005
	Percent	Percent（比例）
Mechanical Engineering Occupations	1.7	1.7
Occupations in Administrative Specializations, n. e. c.	1.5	1.6
Occupations in Medicine and Health, n. e. c.	1.4	1.5
Budget and Management Systems Analysis Occupations	1.5	1.5
Civil Engineering Occupations	1.2	1.4
Occupations in Preschool, Primary School, and Kindergarten Education	1.3	1.3
Architectural Occupations	1.2	1.2
Occupations in Chemistry	1.0	1.0
Commercial Artists: Designers and Illustrators, Graphic Arts	1.0	1.0
Other Occupations	17.2	17.1
Occupation unknown	------	------

Notes: Occupations ranked on 2005 data.

Sum of the percents may not add to 100.0 due to rounding.

Percents shown in the table are based on the total number of petitions approved with known occupations.

n. e. c. indicates *not elsewhere classified.*

资料来源：US Department of Homeland Security annual report " Characteristics of Specialty Occupation Workers（H－1B）：Fiscal Year 2005. "

第七章　研究结论及政策建议

本章主要回顾研究的基本结论，对理论进行反思，并提出相关政策建议。第一节是研究基本结论的总结，第二节是理论反思和政策建议，第三节是对研究的局限和展望。

第一节　研究基本结论

本研究的两个基本研究问题是：（1）中国大陆高中生留学专业选择有哪些特点；（2）中国大陆高中生留学专业选择的主要影响因素有哪些，影响的方向和程度如何。以下是根据第四、五、六章的研究结果对这两个基本问题予以回答。

一、中国大陆高中生留学专业选择的特点

（一）专业选择

在所有七个大类的专业选择中，学生最青睐的是经济管理类和社会科学类专业，分别占总样本量的 24.4% 和 23%。其次是工程类和人文与艺术类，分别占 18.4% 和 18.1%。而选择医学类和科学类专业的最少，分

别只占 8.8% 和 4.3%（见表 7.1）。这说明当前中国高中生留学选择专业具有很明显的倾向，即留学选择经济管理和社会科学类专业的意愿强烈，而基础科学则受到"冷遇"。这意味着当代留学生的专业选择观念与过去的"老留学生"发生了巨大的变化，出现了多元化趋势，甚至有"弃理从文、弃文从商"的倾向[56]。

表 7.1　留学首选专业整体比例

留学首选专业	有效比例（%）
经济管理	24.4
社会科学	23.0
工程	18.4
人文与艺术	18.1
医学	8.8
科学	4.3
其他	2.9
合计	100
N	10,239

（二）性别差异

中国高中生留学专业选择的性别差异很明显。男性较多选择工程类和科学类（基础理科）专业，而女性则较多选择社会科学类和人文与艺术类专业。这一特点比较符合男女学科偏好的差异，即男生偏好理工科，而女生偏好文科。男女选择差异最大的专业是工程类（23.8），而差异最小的专业是经济管理（-0.8）（见表 7.2）。因此性别差异呈现出"男理女文"的特点。

表 7.2　留学首选专业的性别比例差异

留学首选专业	男（%）	女（%）	男（%）—女（%）
工程	31.6	7.8	23.8
社会科学	14.9	29.6	-14.7

续表

留学首选专业	男（%）	女（%）	男（%）—女（%）
人文与艺术	11.1	23.9	−12.8
科学	6.6	2.5	4.1
其他	3.8	2.3	1.5
医学	8.1	9.1	−1.0
经济管理	24.0	24.8	−0.8
合计	100	100	0
N	4,567	5,647	—

注：自上而下按男女性别比例差的绝对值大小呈降序排列。男、女选择专业比例均为占同性别人数的比例。

（三）地区差异

中国高中生留学专业选择存在地区间的差异。本研究中的地区分为东部、中部和西部三个地区。中部地区学生选择经济管理类、工程类和人文与艺术类专业的比例在三个地区中均是最高，分别为25.4%、20.3%和20.3%。东部地区的学生选择人文与艺术类和社会科学类专业的比例相对于西部地区学生较高，分别高出1.6和1.1个百分点，而西部地区的学生选择工程类和科学类专业的比例相对东部地区学生较高，分别高1.8和1.2个百分点（参见表7.3）。因此地区差异上呈现出"东文西理"的特点。

表7.3　留学首选专业的地区差异

		在本地区所占比例（%）			
		东部	西部	中部	东部—西部
专业	工程	17.5	19.3	20.3	−1.8
	人文与艺术	18.3	16.7	20.3	1.6
	科学	3.9	5.1	4.3	−1.2
	社会科学	23.6	22.5	21.2	1.1
	其他	3.3	2.3	2.0	1.0
	经济管理	24.5	23.7	25.4	0.8
	医学	9.0	10.4	6.4	−0.6

续表

	在本地区所占比例（%）			
	东部	西部	中部	东部—西部
总计	100	100	100	0
N	5,976	2,586	1,572	3,390

注：自上而下按东、西部比例差的绝对值大小呈降序排列。

二、中国大陆高中生留学专业选择的影响因素

经多元逻辑回归分析发现各因素对留学专业选择的影响如下：

（一）个人特征和家庭背景

研究发现：性别、学术能力、家庭收入水平、父母教育水平、家庭所在地区等因素对学生选择留学专业的影响显著。

在五对被比较的专业中，受到性别因素影响的专业对有四对，分别是科学 vs. 经济管理、工程 vs. 经济管理、社会科学 vs. 经济管理、人文与艺术 vs. 经济管理；受到学术能力因素影响的专业对也有四对，分别是科学 vs. 经济管理、工程 vs. 经济管理、社会科学 vs. 经济管理、人文与艺术 vs. 经济管理；受家庭收入因素影响的专业对有四对，分别是科学 vs. 经济管理、医学 vs. 经济管理、工程 vs. 经济管理、社会科学 vs. 经济管理；受父母教育水平因素影响的专业对有三对，分别是医学 vs. 经济管理、工程 vs. 经济管理、人文与艺术 vs. 经济管理；受家庭所在地区因素影响的专业对有三对，分别是科学 vs. 经济管理、医学 vs. 经济管理、工程 vs. 经济管理（见表7.4）。

（二）经济因素

在控制了个人特征和家庭背景等因素后，留学预期收益率和预期就业前景这两个经济因素对学生留学专业选择的影响显著。但这种影响并不发生在每一对专业之间的选择中。一些专业之间的选择会受海外留学预期收益率的影响，如医学 vs. 经济管理、社会科学 vs. 经济管理、人文与艺术 vs.

经济管理。而另一些专业之间的选择则受到学生对海外就业前景预期的影响，如科学 vs. 经济管理。而只有一对专业之间（工程 vs. 经济管理类）的选择并没有受到经济因素的显著影响[①]。

表7.4 受个人特征和家庭背景因素影响的专业对

专业对 变量	科学 vs. 经济管理	医学 vs. 经济管理	工程 vs. 经济管理	社会科学 vs. 经济管理	人文与艺术 vs. 经济管理
性别	√		√	√	√
学术能力	√		√	√	√
家庭收入	√	√	√	√	
父母教育		√	√		√
所在地区	√	√	√		

注：√ 表示显著。

此外，经济因素（预期回国就业前景）对学生选择专业的影响不显著（参见表7.5）。

表7.5 受经济因素影响的专业对

专业对 变量	科学 vs. 经济管理	医学 vs. 经济管理	工程 vs. 经济管理	社会科学 vs. 经济管理	人文与艺术 vs. 经济管理
海外留学预期收益率（差）		√		√	√
预期海外就业前景	√				
预期回国就业前景					

---

① 原因很可能在于，工程类与经济管理类专业在国外（如美国等发达国家）无论是收益率还是就业前景都比较好，因此这一对专业在各经济因素上的差异均表现为不显著。

（三）因素间的交互作用

海外留学预期收益率与预期海外就业前景的交互作用，以及海外留学预期收益率与预期回国就业前景的交互作用均不对学生留学专业选择产生显著影响，对学生留学专业选择的影响也不显著。这说明学生选择留学专业时只受单一经济因素影响，即如果受预期收益率影响，则不会同时受预期海外就业前景的影响。

海外留学预期收益率与学生家庭所在地区的交互作用，对学生留学专业选择的影响显著。受到这一交互作用影响的专业是：人文与艺术 vs. 经济管理。说明在这一对专业之间选择时，预期收益率因素对专业选择的影响受到家庭所在地区的调节作用。

学术能力与家庭收入的交互作用对留学专业选择影响显著。受到这一交互作用影响的专业对是：科学 vs. 经济管理。这说明学生在选择这一对专业时，学术能力对留学专业选择的影响受到了家庭收入因素的调节作用。

以上结论表明，影响留学专业选择的经济因素之间不存在交互作用（或者说经济因素之间的交互作用对留学专业选择的影响不显著）。这也印证了模型（2）（没有加入因素之间的交互作用）的结论，即经济因素对学生选择留学专业影响的独立性。而一些因素的交互作用对学生留学专业选择的影响显著性，说明一些因素对留学专业选择的影响受到另一些因素的调节作用，比如"留学预期收益率与家庭所在地区"交互作用项和"学术能力与家庭收入"交互作用项等。

（四）总结

本文尝试对比的专业有五对，所有其他的专业均与经济管理类专业进行比较（见表7.6）。

表7.6 本研究中被比较的专业对

1	2	3	4	5
科学 vs. 经济管理	医学 vs. 经济管理	工程 vs. 经济管理	社会科学 vs. 经济管理	人文与艺术 vs. 经济管理

模型分析得出结论主要有：（1）超过一半（五对中有三对）的专业对之间的选择受到留学预期收益率（或差）的显著影响；（2）有一对专业之间的选择受到预期海外就业前景的显著影响；（3）每一对专业之间的选择均不受预期回国就业前景因素的显著影响；（4）每一对专业之间的选择均不受消费偏好因素的显著影响。

第二节　理论回应、实践反思及政策建议

一、理论回应

本研究最基本的结论是：留学预期收益率和预期海外就业前景两个经济因素对留学专业选择有显著影响。预期回国就业前景和消费偏好因素对留学专业选择无显著影响。在此影响下，中国大陆高中生在选择留学专业时更"热衷"于选择预期收益率高（如医学类）或预期海外就业前景好的专业（如经济管理类）。而那些基础科学（如科学类）则受到相对"冷遇"。

这一选择行为的结果可以在人力资本理论的框架下被理解和解释。一方面，作为一种投资，专业选择在某种程度上意味着未来收益的高低，因此学生倾向选择预期收益率较高的留学专业非常合理。另一方面，学生选择专业时也可能看重留学该专业在国外劳动力市场中的就业可能性，以实现留学预期收益率。

1. 本研究的结论再次验证了人力资本理论对从经济动因角度解释留学高等教育专业选择行为的假设。人力资本理论认为，留学高教专业选择行为是一种投资选择行为。人们倾向于选择留学预期收益率高的专业和海外就业前景好的专业。本研究的结论证实了，学生在比较和选择一些留学专业时确实是考虑了留学预期收益率和海外就业前景的因素。

2. 与人力资本理论对留学专业选择的解释不一致的地方在于，预期就业前景和预期留学收益率这两个因素影响学生选择留学专业的方向不一致。人力资本理论认为，人们倾向于选择那些留学收益率高而且海外就业前景好的专业，但本研究得出的结论却不同。比如随着学生预期留学收益率的增加，选择科技导向类专业（相对于非科技导向类）的概率会增加，

而随着对海外就业前景看好程度的增加，学生选择科技导向类专业（相对于非科技导向类）的概率会降低。可能的原因在于，中国的特殊国情下，学生对留学专业考虑的影响因素具有一定的独立性；另一方面数据的限制（本研究中使用留学预期收益率这一变量，而不是留学预期专业收益率），也可能是该结果产生的一个原因。

3. 本研究中也尝试使用了消费者行为理论（文化偏好因素）来分析中国大陆高中生的留学专业选择行为。结果发现，消费者行为理论对此没有显示出解释力，而使用人力资本理论则较好地解释了学生的留学专业选择。因此在中国的情境下，高中生的留学专业选择行为实际上更多反映出投资的性质，而没有反映出消费的性质。

二、实践反思

以上基本结论反映出中国当代高中生对留学专业的经济预期非常明确，要么选择高收益专业，要么选择就业前景好的专业。从中国留学史上看，这是留学价值观念的明显转变。

自 1847 年中国近代留学第一人容闳远渡重洋留学美国耶鲁大学开始，中国几代留学生坚持"以西方之学术，灌输于中国，使中国趋于文明富强之境"①，作为自己的抱负。盼望"通过西方教育，中国将得以复兴，变成一个开明、富强的国家"②[87]。其中著名的人物不胜枚举，如孙中山、周恩来、邓小平等著名政治人物，但更多的是著名工程学家和科学家，如詹天佑、钱学森、李四光、华罗庚、邓稼先、杨振宁、李政道等。他们在国家处于危难的时刻留学海外，希望通过科学、工程、军事、医学等科学技术来拯救民族和振兴国家经济，可以说是一种"社会取向"的留学价值观。这种价值观取向应该说是与中华民族和中国经济发展的脉搏息息相关。反过来，这几代留学生的留学选择对国家经济振兴和发展也起到了巨大的效果和作用。

随着改革开放进程的深入和市场经济的发展，中国与世界各国的交流越来越频繁。西方政治、经济和文化等领域的价值观也在不断影响和挑战

---

① 容闳语，引自戴学稷、徐如。
② 同上。

中国人传统的价值观念。在多元价值的冲突下，国人已开始从关注国家和社会利益逐渐转向更关注个人利益，突出地体现出价值观的"个人取向"。在留学方面的表现就是专业选择更多考虑个人预期经济收益或海外就业前景①，而不是回国为国贡献等国家社会发展②。这种"个人取向"的留学价值观与前几代留学生的"社会取向"价值观形成鲜明对照。

当今中国高中生在留学专业选择上的"个人取向"反映出学生个人留学选择的多元化，而不是单一的"社会取向"。这种选择是基于个人在相对自由的高等教育市场和劳动力市场中的多元化选择。正如亚当·斯密所说的"看不见的手"在市场中配置资源的力量，个人专业选择的背后有其个人经济利益之"手"的作用和影响。但是个人选择理性的集合并不一定代表国家和社会的发展选择的理性，也就是说国家需要从宏观上予以适当干预，促使个人选择在满足个人利益的同时也符合国家利益的需要。

三、政策建议

鉴于此，本研究认为中国政府需要从社会经济发展的高度，对个人留学专业选择行为通过间接经济手段来因势利导。提出以下建议：

第一，由于当前学生留学专业选择受到留学预期收益率和预期海外就业前景的影响，他们倾向于选择收益率高的专业（或海外就业前景好的专业），然而那些个人预期收益率较低但对社会经济长期发展有基础性作用的专业则受到"冷遇"，如自然科学等对技术进步和经济增长有长远持续贡献的专业学科。因此国家要适当增加对这一专业领域的支持力度，以此提高学生对专业收益率的预期，增加他们选择该类专业的可能性。

第二，目前国家留学资助学科的重点主要在工程技术领域等应用学科

① 根据前面的研究发现，学生选择专业一定会考虑某个经济因素。要么考虑留学预期收益率（或差），要么考虑预期海外就业前景。

② 本研究中发现在就业因素中，预期回国就业前景对学生留学专业选择的影响在所有专业之间都不显著。而预期回国就业前景这一因素包含两道题目（见问卷第25题）：学成回国对国家作贡献，学成回国有更好的就业前景。这表明回国就业和对国家作贡献等"社会取向"要素并未在留学专业选择过程中被重视和考虑。

上，而基础学科的建设还是比较不受重视[1]，因而需要加强这些基础学科的留学资助力度。科学类的专业是对社会产生长期非经济收益的学科，往往这些学科的选择者是那些学术能力较强而家庭收入较强的学生。而那些学术能力较强但家庭收入较低者，是否有资助对他们的选择有很大影响。如果在这些学科给予一定的支持，那么就可以吸引一些学术能力较强但家庭收入水平较低的学生来选择这类专业，这也将增加留学教育机会的公平和正义。

第三，学生专业选择并不受预期回国就业前景的影响，说明他们在选择留学专业时，并未根据将来国内劳动力市场的需求来考虑将来回国发展的专业。因此国家如果希望吸引一些经济建设中急需的留学人才回国就业，那么就要在学生选择留学专业时给予适当的鼓励和支持，并加大吸引学生留学回国工作的宣传力度。

第四，本研究结果显示，西部地区的学生（相对于东部地区）选择科技导向类（相对于非科技导向类）专业的几率较大。因此如果留学支持政策能向西部地区适当增加倾斜力度，可能也是提高这些专业选择比例的措施之一。

第五，本研究是教育经济学领域的研究。从教育学科本身的留学现状来看，由于教育学科在国外也属于资助较少的学科，给中国学生的奖学金力度并不高，因此很多优秀人才由于受到经济能力的限制而不得不放弃这一选择。因此政府应该加大对教育学科的政策倾斜力度，以增加在教育学科专业知识的转移可能性和力度，从而提高我国高等教育的研究水平，为国家经济增长需要的人力资本积累奠定良好的基础。

第三节 研究局限和展望

一、研究局限

由于时间和资源有限，任何研究都不可避免存在一些研究的限制。本研究也不例外，现将有关限制提出以供参考：

---

[1] 参见附录中留学基金委文件：《2007 年国家留学基金资助出国留学人员选拔简章》和《国家留学基金优先资助学科、专业领域》。

（一）数据限制

本研究所使用问卷中并没有涉及学生对每一个留学专业所预期的成本和收益，而是使用学生对整体留学高教的成本和收益的预期来做代理变量，因此使得本研究无法估计和比较各类留学专业的预期收益率高低。

由于国内关于高中教育水平人口年平均工资的数据资料缺乏，本研究只能通过部分比较可信的调查数据进行严谨推算，然后用于留学预期收益率、国内预期收益率以及国内外高教预期收益率之差的计算，但可能仍会产生一定的偏差。

（二）方法限制

本研究中的两个就业前景因素：预期海外就业前景和预期回国就业前景都是通过海外留学高等教育的吸引力进行因素分析所得的潜变量[①]。而其中预期回国就业前景的测量题目只有两道。一般来说，潜变量的测量题目少于三个其存在的意义并不是很强。但为了探析国内劳动力市场这一因素的留学专业选择影响，本研究还是将其放入模型中分析。

关于海外留学专业选择的量化研究在国内外都很少见，这给本研究带来一定的困难。可以说无论在留学专业选择的理论框架上还是在研究方法上，本研究都是一个新的尝试和运用。

二、研究展望

本研究中关注留学专业选择的经济影响因素之一是预期收益率。如果能从劳动力市场中各类不同专业的实际收益率来看留学专业选择问题，可能会更清楚地对比专业预期收益率和专业实际收益率对留学专业选择的影响。因此可以作为留学专业选择未来之研究方向之一。

本研究关注的另一个经济影响因素是预期就业前景。然而研究发现，海外就业前景的预期作用显著，回国就业前景预期并不显著。这说明两个劳动力市场对留学专业选择的影响和作用不同。另一个值得探究

---

① 在心理、行为、管理和社会等研究领域所涉及的变量往往不能直接观测即所谓潜变量（latent variable）。

的方向是国际劳动力市场和国内劳动力市场对海外留学高教专业选择有何影响。

在本研究所运用的三个理论中，人力资本理论和消费者行为理论得到较多分析和回应。而移民理论由于代理变量的缘故没有得到较好的分析和回应。而这一理论与留学专业选择的关系都可以在将来的研究中得以进一步深入和延续。

参 考 文 献

[1] Chen T M, Barnett G A. Research on international student flows from a macro perspective: a network analysis of 1985, 1989 and1995 [J]. Higher Education, 2000, 39: 435 – 453.

[2] McMahon M E. Higher education in a world market: an historical look at the global context of international study [J]. Higher Education, 1992, 24: 456 – 482.

[3] UNESCO Institute for Statistics. Tertiary students abroad: learning without borders [EB/OL]. (2005) http: //www. uis. unesco. org.

[4] Kim J. Economic analysis of foreign education and students abroad [J]. Journal of Development Economics, 1998, 56: 337 – 365.

[5] Altbach P G. Globalization and the university: myths and realities in an unequal world [J]. Current Issues in Catholic Higher Education, 2002, 23 (1): 5 – 26.

[6] Larsen C A. Challenge the hegemonic discourse of structural unemployment: an analysis of barriers on the labour market based on a danish panel study [EB/OL]. (2001 – 01 – 24). http: //www. socsci. auc. dk.

[7] Altbach P G. , Knight J. The internationalization of higher education: motivations and realities [J]. Journal of Studies in International Education, 2007, 11 (3/ 4): 290 – 305.

[8] Knight J. Higher education and trade agreements: what are the policy implications? [M] // Breton G. , Lambert M. University and Globalization: Private Linkages. Public Trust, France: UNESCO, 2003: 81 – 93.

[9] UNESCO Institute for Statistics. Global education digest [EB/OL]. (2006) http: // www. uis. unesco. org.

[10] Borjas G J. The internationalization of the U. S. labor market and the wage structure [J]. Federal Reserve Bank of New York Economic Policy Review. 1995, 11, 3 – 8.

参考文献

[11] 联合国. 全球化和相互依存：国际移民与发展（联合国第六十届会议报告）［EB/OL］.（2006）http：//daccess-dds-ny. un. org/doc/UNDOC/GEN/N06/353/53/PDF/N0635353. pdf? OpenElement

[12] International Labor Organization（ILO）. Database of labor statistics［EB/OL］.（2007）. http：//www. ilo. org.

[13] Lübker M. International outsourcing, employment and inequality：some issues［EB/OL］.（2005）. //Auer P. , Besse G. , Méda D. Offshoring and the Internationalization of employment：a challenge for a fair globalization? international institute for labour studies, international labour organization. http：//www. ilo. org.

[14] Docquier F, Marfouk A. International migration by education attainment［M］// Ozden C. , Schiff M. International migration, remittances and the brain drain, New York：the World Bank and Palgrave Macmillan, 2006.

[15] Ozden C. The brain drain in Latin America［C］. Paper presented at the Expert Group Meeting on International Migration and Development in Latin America and the Caribbean, Mexico City, November 30 to December 2, 2005.

[16] 世界银行. 2000 年世界发展指标［M］. 北京：中国财政经济出版社, 2000.

[17] Altbach P G. Comparative higher education［M］. H. K. ：Comparative Education Research Center, the University of Hong Kong, 1998：207 – 272.

[18] Smith A. et. al. Foreign student flows and policies in an international perspective［M］.//Williams P. The Overseas Student Question：studies for a policy. London：Overseas Students Trust, 1981.

[19] Kendall T. Exporting Australian educational services to China［J］. Journal of Higher Education Policy and Management, 2004, 26（1）：23 – 33.

[20] 陈学飞. 改革开放以来大陆公派留学教育政策的演变及成效［J］. 复旦教育论坛, 2004, 2（3）：12 – 16。

[21] 新华网. 我国海归政策体系逐步完善, 20 年逾 17 万人归国［EB/OL］.（2004 – 02 – 26）http：//www. xinhuanet. com.

[22] Hung F S, Lo N K, Chung Y P. "Seeking higher education abroad：choices and reasons of students in mainland China"［DB］. a research project funded by University Grants Committee of HK（Hong Kong Research Grants Council）2006/2007.

[23] Institute of International Education（IIE）. Open doors 2005［EB/OL］.（2006）http：//www. iie. org.

[24] UNESCO. International standard classification of education［EB/OL］. 1997. http：//www. unesco. org.

［25］World Bank. Hidden challenges to education systems in transition economies ［M］. San Bernardino：Macsource press, 2000：123 – 125.

［26］钱颖一. 谈大学学科布局 ［J］. 清华大学教育研究, 2003 （6）.

［27］陆军, 等. 关于学科、学科建设等相关概念的讨论 ［J］. 清华大学教育研究, 2004 （6）.

［28］香港研究资助局 （UGC）. 2006/07 年度学科类别表 ［EB/OL］. （2006）. http：//www. ugc. edu. hk.

［29］Machlup F. Knowledge and knowledge production （Knowledge：its creation, distribution and economic significance, Volume I） ［M］. Princeton：Princeton University Press, 1980.

［30］Joy L. Occupational differences between recent male and female college graduates ［J］. Economics of Education Review, 2006, 25 （2）：221 – 231.

［31］Jensen E J, Owen A L. Why are women such reluctant economists? evidence from liberal arts colleges ［J］. American Economic Review, 2000, 90 （2）：466 – 470.

［32］Malgwi C A, Howe M A, Burnaby P A. Influence on students' choice of college major ［J］. Journal of Education for Business, 2005, 80 （5）：275 – 282.

［33］Calkins L N, Welki A. Factors that influence choice of major：why some students never consider economics ［J］. International Journal of Social Economics, 2006, 33 （8）：547 – 564.

［34］Leppel K, Williams M L, Waldauer C. The impact of parental occupation and socioeconomic status on choice of college major ［J］. Journal of Family and Economic Issues, 2001, 22 （4）：373 – 394.

［35］Pimpa, N. A family affair：the effect of family on Thai students' choices of international education ［J］. Higher Education, 2005, 49：431 – 44.

［36］Koch J V. Student choice of undergraduate major field of study and private internal rates of return ［J］. Industrial & Labor Relations Review, 1972, 26 （1）：668 – 685.

［37］Lewis P E T, Vella F G M. Economic factors affecting the number of engineering graduates in Australia ［J］. Australian Economic Papers, 1985, 24 （44）：66 – 75.

［38］Berger M C. Predicted future earnings and choice of college major ［J］. Industrial & Labor Relations Review, 1988, 41 （3）：418 – 429.

［39］Montmarquette C, Cannings K, Mahseredjian S. How do young people choose college majors? ［J］. Economics of Education Review, 2002, 21 （6）：543 – 556.

［40］Staniec F O. The effects of race, sex and expected returns on the choice of college major ［J］. Eastern Economic Journal, 2004, 30 （4）：549 – 562.

[41] Boudarbat B. Field of study choice by community college students in Canada [J]. Economics of Education Review, 2008, 27 (1): 79 – 93.

[42] Robst J. Education and job match: the relatedness of college major and work [J]. Economics of Education Review, 2007, 26 (4): 397 – 407.

[43] Betts J R. What do students know about wages? evidence from a survey of undergraduates [J]. Journal of Human Resources, 1996, 31 (1): 27 – 56.

[44] Li M, Bray M. Cross-Border flows of students for higher education: push-pull factors and motivations of mainland Chinese Students in Hong Kong and Macau [J]. Higher Education, 2007, 53 (6): 791 – 818.

[45] Ono H, Piper N. Japanese women studying abroad, the case of the United States [J]. Women's Studies International Forum, 2004, 27 (2): 101 – 118.

[46] Cummings W K. Going overseas for higher education: the Asian experience [J]. Comparative Education Review, 1984, 28 (2): 241 – 257.

[47] 夏亚峰. 美国的留学生教育现状及其比较研究 [J]. 比较教育研究, 1997 (4).

[48] Sugano M. Japanese students in selective MBA programs in the United States [DB]. Japan-United States educational commission research paper, 1990.
Ono H, Piper N. Japanese women studying abroad, the case of the United States [J]. Women's Studies International Forum, 2004, 27 (2): 101 – 118

[49] Koester J. A profile of foreign language majors who work, study and travel abroad [J]. Modern Language Journal, 1986, 70 (1): 21 – 27.

[50] Pimpa N. The influence of peers and student recruitment agencies on Thai students' choices of international education [J]. Journal of Studies in International Education, 2003, 7 (2): 178 192.

[51] Maringe F, Carter S. International students' motivations for studying in UK higher education: insights into the choice and decision making of African students [J]. International Journal of Educational Marketing, 2007, 21 (6): 459 – 475.

[52] 王兆军. 中学生留学情况调查 [J]. 留学生, 2003 (8 – 9).

[53] 郑斌, 陈文, 史瑞文. 加拿大中国留学人员调查报告 [J]. 神州学人, 2001 (8).

[54] 陈其迅. 有关近期中国学生自费赴德留学的调查研究报告 [J]. 世界教育信息, 2001 (8).

[55] 陈昌贵, 闫月勤. 我国留学人员回国原因与发挥作用状况的调查报告 (一, 二) [J]. 黑龙江高教研究, 2000 (5, 6).

[56] 王晓莺. 中国大陆海外留学人员的现状 [J]. 东南亚研究, 2001 (5).

[57] 陈学飞, 等. 留学教育的成本与收益: 我国改革开放以来公派留学效益研究 [M]. 北京: 教育科学出版社, 2003.

[58] Schultz T W. Investment in human capital [J]. American Economic Review, 1961, 51: 1–17.

[59] Becker G S. Human capital: a theoretical and empirical analysis with special reference to education [M]. New York: National Bureau of Economic Research, 1964.

[60] Cipollone P. Education and earnings [M] //Carnoy M. International encyclopedia of economics of education. New York: Pergamon, 1995: 145–146.

[61] Woodhall M. Human capital concepts [M] //Carnoy M. International encyclopedia of economics of education. New York: Pergamon, 1995: 24–27.

[62] Psacharopoulos G. Rate of return studies [M] //Clark B R, Neave G R. The encyclopedia of higher education (Volume 2). Oxford: Pergamon, 1992: 999–1003.

[63] Tachibanaki T. Education, occupation and eearnings [M]. //Carnoy M. International Encyclopedia of Economics of Education, New York: Pergamon, 1995: 149–153.

[64] Ashenfelter O, Ham J. Education, unemployment and earnings [J]. Journal of Political Economy, 1979, 87 (5): 99–116.

[65] Fiorito J, Dauffenbach R C. Market and nonmarket influences on curriculum choice by college students [J]. Industrial and Labor Relations Review, 1982, 36 (1): 88–101.

[66] Freeman J A, Hirsch B T. College majors and the knowledge content of jobs [J]. Economics of Education Review, 2008, 27: 517–535.

[67] Jimenez J d D, Salas-Velasco M. Modeling educational choices: a binomial logit model applied to the demand for higher education [J]. Higher Education, 2000, 40 (3): 293–311.

[68] Siegfried J J, Raymond J E. A profile of senior economics majors in the United States [J]. AEA Papers and Proceedings. 1984, 74 (2): 19–25.

[69] Duchesne I, Nonneman W. The demand for higher education in Belgium [J]. Economics of Education Review, 1998, 17 (2): 211–218.

[70] Blaug M. The empirical status of human capital theory: a slightly jaundiced survey [J]. Journal of Economic Literature, 1976, 14 (3): 827–855.

[71] Gullason E T. The consumption value of schooling: an empirical estimate of one aspect [J]. Journal of Human Resources, 1989, 24 (2): 287–298.

[72] Quinn R, Price J. The demand for medical education: an augmented human capital

approach [J]. Economics of Education Review, 1998, 17 (3): 337 - 347.

[73] Todaro M P. Urban job creation, induced migration and rising unemployment: a formulation and simplified empirical test for LDCs [J]. Journal of Development Economics, 1976, 3: 211 - 226.

[74] Sabot R H, Wong P L. Internal migration and education [M]. //Carnoy M. International encyclopedia of economics of education, New York: Pergamon, 1995: 77 - 79.

[75] Bhagwati J. In defense of globalization [M]. New York: Oxford University Press, 2004: 208 - 216.

[76] Tseng V. Unpacking immigration in youths' academic and occupational pathways [J]. Child Development, 2006, 77 (5): 1434 - 1445.

[77] 卢文岱. SPSS for Windows 统计分析（第 2 版）[M]. 北京: 电子工业出版社, 2002.

[78] Norusis M J. SPSS 15.0 advanced statistical procedures companion [M]. New Jersey: Rrentice Hall Inc, 2006.

[79] Pampel F C. Logistic regression: a primer [M]. Sage University Papers Series on Quantitative Applications in the Social Science. Thousand Oaks, CA: Sage. 2000: 107 - 132.

[80] Carnoy M. International encyclopedia of economics of education [M]. New York: Pergamon, 1995.

[81] Psacharopoulos G. Returns to education: an updated international comparison [J]. Comparative Education, 1981, 17 (3): 321 - 341.

[82] Mincer J. Schooling, experience and earnings [M]. New York: NBER, Columbia University Press, 1974.

[83] Psacharopoulos G. Returns to education: an international comparison [M]. Amsterdam: Elsevier, 1973.

[84] 蔡昉. 中国人口与劳动问题报告 No. 8 [M]. 北京: 社会科学文献出版社, 2007.

[85] 古扎拉蒂. 计量经济学（第三版）上册 [M]. 林少宫, 译. 北京: 中国人民大学出版社. 2002: 117 - 118.

[86] U. S. Department of homeland security characteristics of specialty occupation workers (H - 1B): fiscal Year 2005 [EB/OL]. (2006), http://www.uscis.gov.

[87] 戴学稷, 徐如. 略论近现代中国留学史的分期和中国留学生的时代使命 [J]. 内蒙古大学学报: 人文社会科学版, 1997 (4).

参考文献

附　　录

一、2007 年国家留学基金资助出国
留学人员选拔简章

为贯彻落实《国民经济和社会发展第十一个五年规划纲要》及《国家中长期科学和技术发展规划纲要（2006—2020 年)》，促进创新型国家的建设，为加强科学、技术、文化、教育、管理等方面高层次人才的培养，促进我国和世界各国的交流与合作，按照《国家公派出国留学选派办法》和 2007 年度选派计划，国家留学基金管理委员会（以下简称留学基金委）2007 年将以国家留学基金资助方式在全国选拔各类出国留学人员 7,000 名。

一、选派类别及留学期限

1. 高级研究学者：留学期限为 3—6 个月

2. 访问学者（含博士后研究）：留学期限为 3—12 个月

3. 博士研究生（赴国外攻读博士学位）：留学期限为 36—48 个月

4. 联合培养博士研究生（攻读博士学位期间赴国外从事课题研究)：留学期限为 6—24 个月

5. 硕士研究生（赴国外攻读硕士学位）：留学期限为 12—24 个月

二、优先资助学科、专业领域

优先支持能源、资源、环境、农业、制造、信息等关键领域及生命、空间、海洋、纳米及新材料等战略领域和人文及应用社会科学。

三、申请条件

（一）关于申请人

申请人应为高等学校、企业事业单位、行政机关、科研机构的正式工作人员和在校优秀学生，且符合下列基本条件：

1. 热爱祖国，热爱社会主义，具有良好的政治和业务素质，在工作、学习中表现突出，学成以后回国为祖国建设服务。

2. 具有良好专业基础和发展潜力，外语水平达到《2007 年国家留学基金资助出国留学外语条件》规定的要求。

3. 身心健康。

4. 曾经享受国家留学基金资助出国留学的人员，回国后工作一般须满 5 年方可再次申请。

国家留学基金资助范围暂不包括境内其他人员和正在境外学习或工作的人员。

（二）关于申请类别及要求

1. 高级研究学者：

申请时年龄不超过 55 岁，还应具备以下条件之一：

（1）国家重点实验室、教育部重点实验室、国家工程（技术）研究中心骨干；

（2）"长江学者"特聘教授或教育部当年确定支持的创新团队中的骨干或"新世纪优秀人才计划"入选者及其他国家级人才计划入选者；

（3）教育部批准的国家重点学科学术带头人；

（4）中央国家机关、地方行政管理部门、国有大中型企业高级行政管理人员。

其中教学科研人员应为教授、博士生导师；中央国家机关、地方行政管理部门管理人员应具有副司局级（包括副司局级）以上行政职务；国有大中型企业管理人员应具有相当于副司局级（包括副司局级）以上行政职务。

2. 访问学者（含博士后研究）：

申请时年龄不超过 50 岁，应为高等学校、企事业单位、各级行政单位、科研单位的正式工作人员。本科毕业后一般应有 5 年以上的工作经历，硕士毕业后一般应有 2 年以上的工作经历。对博士毕业的申请人，没有工作年限的要求。

博士后研究申请人应是高等学校或科研单位具有博士学位、具体从事教学或科研工作的优秀在职青年教师或科研人员。申请时距其博士毕业时间应在 3 年以内。申请时年龄不超过 40 岁。

3. 博士研究生：

申请时年龄不超过 35 岁，具有硕士学位，或在读一年级优秀博士生，或优秀应届硕士毕业生。申请时须提交国外教育机构的入学通知书复印件。

4. 联合培养博士研究生：

申请人应为在读一、二年级优秀博士生，申请时年龄不超过 35 岁。申请时须提交国外教育机构出具的正式邀请函复印件及国内外导师为其共同制定的研修计划。

5. 硕士研究生：

申请时年龄不超过 30 岁，应具有学士学位，或优秀应届本科毕业生。申请时须提交国外教育机构的入学通知书复印件。

四、选拔办法

（一）采取"个人申请，单位推荐，专家评审，择优录取"的选拔方式进行选拔。

（二）申请方式

采取网上报名的方式。请申请人登录国家留学基金委网上报名系统 apply. csc. edu. cn 报名。

（三）申请材料

请按照《关于准备 2007 年国家留学基金资助出国留学申请材料的说

明》准备两份书面申请材料。

（四）受理方式

留学基金委委托有关国家留学基金申请受理机构（以下简称受理机构）受理申请。受理机构负责接受咨询、受理申请材料、进行材料审核；留学基金委一般不直接受理个人及单位的申请。受理机构自 2007 年 1 月 5 日起提供咨询。

（五）受理时间

申请人应于 2007 年 2 月 25 日至 3 月 20 日进行网上报名并向所在地受理机构提交申请材料及报名、评审费 500 元人民币/人。《单位推荐意见表》由申请人所在单位统一提交受理机构。

（六）申请办法有特殊要求的，请按《2007 年国家留学基金资助出国留学项目指南》要求进行申请。

五、录取

博士/硕士研究生、联合培养博士生录取结果在每年 4 月底公布；高级研究学者、访问学者（含博士后研究）录取结果在每年 7 月份公布，录取通知将发至申请人所在单位。

六、资助内容

一般为往返国际旅费和在外期间的奖学金生活费。具体资助项目、标准在录取时确定。

七、派出及管理

留学人员在派出前，须与留学基金委签订《资助出国留学协议书》并办理公证、交存保证金等手续。派出后应遵守国家留学基金资助出国留学人员的有关规定及《资助出国留学协议书》的有关约定。留学期间，留学人员应自觉接受驻外使（领）馆教育处（组）的管理。

八、本简章由留学基金委负责解释

http：//www.csc.edu.cn/gb/downloaddoc/2007/xbjz.htm

二、2013 年国家留学基金资助
出国留学人员选拔简章

为深入贯彻落实《国家中长期人才发展规划纲要（2010—2020年)》、《国家中长期教育改革和发展规划纲要（2010—2020 年)》及《国家中长期科学和技术发展规划纲要（2006—2020 年)》，满足建设创新型国家对人才的需求，培养国家建设所需的国际化人才、拔尖创新人才和高素质专业人才，促进我国与世界各国的交流与合作，根据《国家公派出国留学选派办法》和年度计划，国家留学基金管理委员会（以下简称国家留学基金委）2013 年计划选拔各类国家公派留学人员 18,000 名。现将具体选派计划及相关事宜公布如下。

一、选派计划

1. 国家公派高级研究学者及访问学者（含博士后）项目 2,500 人；

2. 国家建设高水平大学公派研究生项目 6,000 人；

3. 国家公派硕士研究生项目 300 人；

4. 优秀本科生国际交流项目 2,000 人；

5. 国内合作项目 5,000 人，其中青年骨干教师出国研修项目 3,000人、西部地区人才培养特别项目及地方合作项目 1,500 人、与行业部门合作项目 500 人；

6. 国外合作项目（含与有关国家互换奖学金计划及其他国外合作项目）950 人；

7. 专门人才培养项目 1,250 人，其中国际区域问题研究及外语高层次人才培养项目 1,050 人、艺术类人才培养特别项目 200 人。

二、选派类别及留学期限

1. 高级研究学者：留学期限为 3—6 个月；

2. 访问学者（含博士后）：留学期限为 3—12 个月；

3. 博士研究生（赴国外攻读博士学位）：留学期限一般为 36—48 个月，具体以留学目的国及院校学制为准；

4. 联合培养博士生（攻读博士学位期间赴国外从事课题研究）：留学期限为 6—24 个月；

5. 硕士研究生（赴国外攻读硕士学位）：留学期限为 12—24 个月，具体以留学目的国及院校的学制为准；

6. 联合培养硕士生（攻读硕士学位期间赴国外进行课程学习）：留学期限为 3—12 个月；

7. 本科插班生（攻读学士学位期间赴国外进行课程学习、毕业设计或实习等）：留学期限为 3—12 个月。

三、优先资助学科、专业领域

《国家中长期人才发展规划纲要（2010—2020 年)》确定的经济重点领域、社会发展重点领域；《国家中长期科学和技术发展规划纲要(2006—2020 年)》确定的重点领域、重大专项、前沿技术、基础研究；人文与社会科学领域。

四、资助内容

一般为一次往返国际旅费和规定留学期间的奖学金生活费。具体资助内容、标准等在录取时确定。

五、申请人基本条件

1. 热爱社会主义祖国，具有良好的政治素质，无违法违纪记录，学成后回国为祖国建设服务。

2. 具有中国国籍，须为高等学校、企业事业单位、行政机关、科研机构的正式工作人员或优秀在校学生。

3. 具有良好专业基础和发展潜力，在工作、学习中表现突出。

4. 身心健康。

5. 符合所申请项目的其他要求（详见《2013 年国家留学基金资助出国留学项目一览表》）。

6. 国家留学基金资助范围不包括以下人员：

① 已获得国家留学基金资助且留学资格尚在有效期内的人员；

② 已获得国外全额奖学金资助的人员；

③ 已取得国外永久居留权的人员；

④ 正在境外工作的人员；

⑤ 正在境外学习的人员（申请攻读博士学位研究生类别除外）；

⑥ 已享受国家留学基金资助出国留学、回国后工作尚不满五年的人员，但以下项目的留学回国人员不受此限制：中德学者短期交流项目（DAAD/DFG）、中德博士生联合研究项目、日本电通博士研究项目、日本学术振兴会论文博士奖学金项目、中国－苏格兰博士生教育及科研合作伙伴关系项目（访问学者）、希腊互换奖学金项目（暑期研修生类别，留学期限 1 个月）、博士生导师短期出国交流项目、青年骨干教师出国研修项目（提供国际旅费资助）、本科生赴国外留学项目（如优秀本科生国际交流项目等）。

六、选拔办法

1. 采取"个人申请、单位推荐、专家评审、择优录取"的方式进行选拔。符合申请条件者，经所在单位审核同意后，按规定的程序和办法申请。

2. 申请方式及时间：采取网上报名的方式。申请人须登录国家公派留学信息管理系统（http：//apply. csc. edu. cn/）进行报名，按照相应项目要求准备申请材料并提交所在单位审核，经其同意后再正式提交。网上报名时间按相关项目要求执行。

3. 受理方式：国家留学基金委委托国家留学基金受理机构/高校统一受理本地区（单位、部门）的申请。受理机构/高校负责接受咨询、受理、审核申请材料并统一向国家留学基金委提交材料。国家留学基金委一般不直接受理个人及单位的申请。申请受理方式请见《2013 年国家留学基金资助出国留学项目一览表》。

七、评审、录取

国家留学基金委将根据相关项目具体要求组织专家对申请材料进行评审，并根据专家评审意见确定录取人员名单。录取通知将通过各受理单位转发或由国家留学基金委直接发至申请人所在单位。各项目录取结果公布时间如下：

1. 国家公派高级研究学者项目及访问学者（含博士后）项目：2013

年 7 月份公布。

2. 国家建设高水平大学公派研究生项目、硕士研究生项目：2013 年 5 月份公布。

3. 优秀本科生国际交流项目：2013 年 5 月份公布；

4. 青年骨干教师出国研修项目：第一批于 2013 年 5 月份公布；第二批于 2013 年 11 月份公布。

5. 西部地区人才培养特别项目、地方合作项目、国际区域问题研究及外语高层次人才培养项目、艺术类人才培养特别项目、中外合作项目等其他奖学金项目将根据相应项目规定另行公布。

八、派出及管理

被录取人员须在留学资格有效期内派出。凡未按期派出者，留学资格将自动取消。国家公派出国留学实行"签约派出，违约赔偿"的管理办法。留学人员派出前须在国内与国家留学基金委签订《资助出国留学协议书》并办理公证、交存保证金和办理《国际旅行健康证明书》，通过教育部留学服务中心、教育部出国人员上海集训部或广州留学人员服务管理中心办理派出手续。凭《国家留学基金资助出国留学资格证书》、《国家公派留学人员报到证明》到留学目的国驻外使（领）馆报到后方可享受国家留学基金资助。留学人员在国外留学期间，应遵守所在国法律法规、国家留学基金资助出国留学人员的有关规定及《资助出国留学协议书》的有关约定，自觉接受驻外使（领）馆的管理，学成后应履行按期回国服务义务。

九、本简章由国家留学基金委负责解释

http：//www.csc.edu.cn/Chuguo/dd5ee170124947a8bcd638c8a723930c.shtml

三、国家留学基金优先资助学科、专业领域

一、重点领域

1. 能源
2. 水和矿产资源

3. 环境

4. 农业

5. 制造业

6. 交通运输业

7. 信息产业及现代服务业

8. 人口与健康

9. 城镇化与城市发展

10. 公共安全

11. 国防

12. 人文与社会应用科学

二、前沿技术

1. 生物技术

2. 信息技术

3. 新材料技术

4. 先进制造技术

5. 先进能源技术

6. 海洋技术

7. 激光技术

8. 空天技术

三、基础研究

1. 学科发展

2. 科学前沿问题

3. 面向国家重大战略需求的基础研究

4. 重大科学研究计划

资料来源：http：//www.csc.edu.cn/gb/downloaddoc/2007/2007zzxk.htm

四、1990 年以来中国政府为吸引
海外留学人员回国工作的政策摘要

时间、机构和 政策名称	主要内容
1990 年 教育部 《教育部留学回国人员科研启动基金管理规定》	1. 启动基金的评审工作将本着"专家评审、择优资助"的原则进行。 2. 资助对象：获得国内、外博士学位，在外留学一年以上，年龄在 45 岁以下，回国后在教学、科研单位从事教学、科研工作的留学回国人员，均可在回国后两年内提出申请。
1992 年 国务院办公厅 《关于在外留学人员有关问题的通知》	1. 欢迎留学人员回国工作。公派在外学习人员有义务在学成之后回国服务。所有在外学习的人员，不论他们过去的政治态度如何，都欢迎他们回来，包括短期回国进行学术交流合作，以及探亲、休假。对在国外说过一些错话、做过一些错事的，一律不予追究。即使参加了反对中国政府的组织、从事过危害国家安全、荣誉和利益的人员，只要他们退出这些组织，不再从事违我国宪法和法律的反政府活动，也都一律欢迎回国工作。 2. 对持过期因公普通护照或一次性出入境因公普通护照的留学人员，可为他们办理护照延期或换发新护照；对要求将因公普通护照换为因私普通护照的，也可给予办理；已取得外国国籍的人员应提出退出中国国籍，依照我国国籍法的规定办理，按外籍华人对待。 3. 留学人员申请办理护照延期、换发新护照，以及退出中国国籍手续时，应予办理。如与原派出部门或单位有经济及其他未了事宜，应与这些部门或单位协商解决，不影响上述手续的办理。 4. 留学人员短期回国后，只要他们持有我国有效护照和外国再入境签证，无须再履行审批手续，即可随时再出境。

续表

时间、机构和 政策名称	主要内容
1992 年 国务院办公厅 《关于在外留学人员有关问题的通知》	5. 派出单位应加强与在外留学人员的联系，主动关心他们的工作和生活。留学人员回国后，按"双向选择"的原则，可回原单位工作或自行联系工作，也可以进入"三资"企业工作或自行开办企业等。要鼓励促进国际交流和合作，经所在单位同意，可以在国外兼职。 6. 留学人员的家属申请出国探望留学人员，应当允许，由公安机关依照《中华人民共和国公民出境入境管理法》审批。 7. 各地区、各有关部门按照本通知精神落实具体措施，方便在外留学人员回国，简化入出境手续，妥善解决留学回国人员工作、生活上的具体问题。 8. 在留学回国人员较集中的地方，可由当地政府、有关部门或社会团体根据需要建立留学服务机构，帮助留学人员办理有关事宜，为他们提供各种服务。 9. 我国驻外使领馆代表国家管理留学事务，应保护我留学人员的合法权益，对他们的学习研究工作和日常生活给予帮助，为他们排忧解难，并及时向他们介绍我国内情况。要教育他们遵守所在国的法律，努力学习，自尊自爱，与当地人民友好相处，热爱祖国，维护祖国的荣誉和利益，为国争光。
2000 年 人事部 《关于鼓励海外高层次留学人才回国工作的意见》	1. 《意见》明确界定了海外高层次留学人才的范畴，即指我公派或自费出国留学，学成后在国外金融机构、跨国公司、国际组织、著名高校、科研机构等从事金融、工程技术、教学、科研、管理等工作，取得显著成绩，并为国内急需的中青年高级经营管理人才、专业技术人才、学术技术带头人，拥有具有产业化开发前景的专利、发明或专业技术等人才。 2. 国家将建立与留学归国人员本人能力水平、对国家的贡献和所创造的经济社会效益挂钩的竞争激励机制。海外高层次留学人才可以以专利、发明、专有技术、管理等要素参与分配。

续表

时间、机构和 政策名称	主要内容
2000 年 人事部 《关于鼓励海外高层次留学人才回国工作的意见》	3. 海外高层次留学人才回国工作，在聘用或任职期间，享受与用人单位其他工作人员相同的医疗、保险待遇。 4. 对海外高层次留学人才的遴选，要通过公平竞争，择优聘用；也可通过其他形式，经适当渠道考察确定。用人单位根据工作需要和人选条件，按干部管理权限，可聘任或委任其担任银行、保险、证券等单位领导职务及国有大型企业、高等院校、科研院所技术领导职务或高级行政管理职务。对回国工作的海外高层次留学人才，可保留国外长期或永久居留权。
2005 年 人事部、教育部、科技部、财政部 《关于在留学人才引进工作中界定海外高层次留学人才的指导意见》	1. 海外高层次留学人才界定条件：在国际学术技术界享有一定声望，是某一领域的开拓人、奠基人或对某一领域的发展有过重大贡献的著名科学家； 2. 在国外著名高校、科研院所担任相当于副教授、副研究员及以上职务的专家、学者； 3. 在世界五百强企业中担任高级管理职务的经营管理专家，或在著名跨国公司、金融机构担任高级技术职务，在知名律师（会计、审计）事务所担任高级技术职务，熟悉相关领域业务和国际规则，有较丰富实践经验的管理人员或技术人员； 4. 在国外政府机构、政府间国际组织、著名非政府机构中担任中高层管理职务的专家、学者； 5. 学术造诣高深，对某一专业或领域的发展有过重大贡献，在国家著名的学术刊物发表过有影响的学术论文，或获过有国际影响的学术奖励，其成果处于本行业或本领域学术前沿，为业内普遍认可的专家、学者； 6. 主持过国际大型科研或工程项目，有较丰富的科研、工程技术经验的专家、学者、技术人员； 7. 拥有重大技术发明、专利等自主知识产权或专有技术的专业技术人员； 8. 具有特殊专长并为国内急需的特殊人才。

续表

时间、机构和 政策名称	主要内容
2006 年 人事部 《留学人员回国工作"十一五"规划》	1. 留学人员回国工作的指导思想、基本原则和目标任务（"十一五"期间，使留学回国人员新增人数达到15—20 万人）。 2. 实施留学人才回归计划，建立海外高层次留学人才回国工作绿色通道。 3. 健全留学人员回国工作体制机制。 4. 切实加强对留学人员回国工作的组织领导。
2007 年 人事部、教育部等 16 个部门 《关于建立海外高层次留学人才回国工作绿色通道的意见》	1. 今后海外高层次留学人才回国工作，经有关主管部门批准，可不受编制数额、增人指标、工资总额和出国前户口所在地的限制； 2. 回国工作的高层次留学人才的报酬应与其本人能力、业绩、贡献挂钩； 3. 国家自然科学基金、863、973 等重大科技计划和专项基金将面向回国工作的高层次留学人才平等开放； 4. 对特别优秀、国内急需的高层次留学人才，人事部将会同有关部门资助专项经费； 5. 高层次留学人才入出境及居留将享受一系列便利条件。
2007 教育部 《教育部关于进一步加强引进海外优秀留学人才工作的若干意见》	一、"海外优秀留学人才"的界定。 "海外优秀留学人才"包括以下三个层次：第一层次：着眼于吸引一批具有国际领先水平的学科带头人，形成一批优秀创新团队。第二层次：着眼于吸引一大批学术基础扎实、具有突出的创新能力和发展潜力的优秀学术带头人，促进技术创新和学科发展。第三层次：着眼于吸引大量青年骨干教师和科研骨干人员，带动教师队伍和科研队伍整体素质的提升。 二、编制海外优秀留学人才需求目录，建立和完善海外优秀留学人才信息库。 三、搭建海外优秀留学人才双向选择平台，为海外优秀留学人才回国工作和创业服务。

续表

时间、机构和 政策名称	主要内容
2007 教育部 《教育部关于进一步加强 引进海外优秀留学人才 工作的若干意见》	四、充分利用国家科技、教育、人才资助项目，引导海外优秀人才回国创业。 1. 实施"211 工程"、"985 工程"的高等学校和实施"百人计划"的科研机构应将吸引优秀留学人才回国工作作为工程建设的重要内容，规划专门经费支持和资助海外优秀留学人才回国工作或以多种形式为国服务。 2. 进一步加大"长江学者奖励计划"、"新世纪优秀人才支持计划"等项目对于优秀留学人才回国工作的支持和奖励力度。 3. 大力实施"高等学校学科创新引智计划"（"111 计划"），采取团队引进、核心人才带动等多种方式引进海外优秀人才，促进学科发展与人才培养，推动高水平研究型大学建设。 4. 加大教育部"春晖计划"支持海外优秀留学人才短期回国服务的力度。鼓励海外优秀留学人才利用"春晖计划"资助短期回国服务，通过合作促成软着陆，最终实现部分优秀留学人才长期回国工作。 　　利用教育部"春晖计划"学术休假回国工作项目，鼓励关键领域和若干学科前沿的海外优秀留学人才利用学术休假时间回国在高校从事研究和讲学工作，为国内新兴学科、前沿学科的建设及创建世界一流大学服务。 5. 进一步加大"留学回国人员科研启动基金"的资助力度，扩大受资助人数，缩短"留学回国人员科研启动基金"的评审周期，为优秀留学人才回国后尽快启动科研工作创造条件，促进优秀留学人才在国内扎根和发展。高等学校和科研机构等单位应设立相应的留学回国人员科研启动资助基金。 五、建立海外留学人才回国工作快速通道，切实解决海外优秀留学人才回国创业的后顾之忧。 　　我部协调有关部门为海外留学人员回国工作或为国服务提供出入境和在华长期居留便利，简化审批手续，提高服务质量。

续表

时间、机构和 政策名称	主要内容
2007 教育部 《教育部关于进一步加强引进海外优秀留学人才工作的若干意见》	积极推动海外留学人才回国后享有国民待遇具体措施的建立和实施，妥善解决他们回国后在住房、薪酬、户籍、医疗、社会保险、科研启动、投资创业、知识产权保护、子女入学、家属就业等关系优秀留学回国人才工作条件和切身利益方面的问题，创造有利于优秀留学人才回国工作或为国服务的工作环境和政策环境。 六、加强留学人员创业园、大学科技园、创业基地和服务机构建设，大力实施"春晖杯"中国留学人员创新创业大赛。

后记

后　记

本书源自我的博士论文，并基于原文进行了部分修改。

转眼间毕业已三年了，在港读书的日子还历历在目，景色宜人的香港中文大学也成为我生命中永恒的记忆。我要向曾给过我学术和生活上支持与帮助的老师、同学和亲友们表达我诚挚的谢意。

首先要感谢我在中文大学的两位师父：钟宇平教授和孔繁盛教授。感谢你们对我孜孜不倦的培养。三年来，记不清多少次的指导和讨论，你们为我指明了学术和人生的路向。钟宇平教授在学术研究上的严谨、对生活乐观豁达的人生态度，以及对学生的宽容，一次次给我前进的动力和勇气。

感谢孔繁盛教授对我论文的悉心指导，您对学术的严谨态度和对学生认真负责的精神让我十分钦佩。在您慷慨提供课题数据和倾力支持之下，我的博士论文才得以如期完成，这里面倾注了您大量心血。如果用研究术语表达的话，可以说是我选择和完成这一留学研究的重要"推力"（Push Factor）。在此，我真诚地道一声：衷心感谢您！

感谢卢乃桂教授对我热忱而细致的关心和指导，是您让我与中大教育结缘，能得到您的教诲实乃我的荣幸。您以广阔的学术视野和谦和儒雅的处世风格在香港与大陆的教育学界架起一道彩虹。同时也为我们留学香港和"回归"大陆开辟了诸多"绿色通道"。这也是我们教育学院内地同学会的福祉。我还要感谢何瑞珠教授对我论文建议书和论文的建议和指导，您在量化研究方法上的严谨让我受益良多。

此外，我还要感谢与我朝夕相处的同学：陈启山、李宏利、王世伟、曾细花、周玉霞、丁道勇、周金燕、黄斌、陈晓娟、黄小瑞等，在与你们的讨论和辩论中，我不断受益并获得成长。还记得初来时王蕊、陈霜叶、赵明仁、陈峥、钟亚妮、占盛丽等师姐师兄们的关照，让我难以忘怀。谢谢！

我还要感谢我的父母和妹妹。你们的关爱和开导给了我精神上莫大鼓励和支持，让我有信心和勇气一次次走向成功。

我要谢谢那些在中大运动场上与我一道飒爽的同学和朋友们，有你们陪我度过三年的博士生活，这一程不寂寞！

衷心感谢"教育博士文库"学术委员会的专家和老师，你们给我这样一个机会，激励着我向着新的学术目标继续前进。

本书的出版得到了教育科学出版社的领导、责任编辑李芳以及很多工作人员的大力支持和帮助，你们严谨的工作态度和认真负责的专业精神让我受益良多，再次表示诚挚的感谢！

刘　扬

2011 年 8 月于北京航空航天大学高等教育研究所

出 版 人　所广一
策划编辑　李　东
责任编辑　李　芳
版式设计　贾艳凤
责任校对　贾静芳
责任印制　曲凤玲

图书在版编目（CIP）数据

海外留学专业选择及影响因素：教育经济视角下的
实证研究／刘扬著 . —北京：教育科学出版社，2013. 12
（教育博士文库）
ISBN 978 - 7 - 5041 - 7798 - 8

Ⅰ. ①海… 　Ⅱ. ①刘… 　Ⅲ. ①留学教育 - 专业 - 选择 -
研究 - 外国 　Ⅳ. ①G648.9

中国版本图书馆 CIP 数据核字（2013）第 152364 号

教育博士文库
海外留学专业选择及影响因素——教育经济视角下的实证研究
HAIWAI LIUXUE ZHUANYE XUANZE JI YINGXIANG YINSU——JIAOYU JINGJI
SHIJIAO XIA DE SHIZHENG YANJIU

出版发行	**教育科学出版社**		
社　　址	北京·朝阳区安慧北里安园甲 9 号	市场部电话	010 - 64989009
邮　　编	100101	编辑部电话	010 - 64981232
传　　真	010 - 64891796	网　　址	http://www.esph.com.cn

经　　销	各地新华书店		
制　　作	国民灰色图文中心		
印　　刷	保定市中画美凯印刷有限公司	版　　次	2013 年 12 月第 1 版
开　　本	169 毫米×239 毫米　16 开	印　　次	2013 年 12 月第 1 次印刷
印　　张	11.25	印　　数	1—3 000 册
字　　数	161 千	定　　价	28.00 元

如有印装质量问题，请到所购图书销售部门联系调换。